高效人士用超级笔记术

すごいメモ。

[日] 小西利行 著
易哲 译

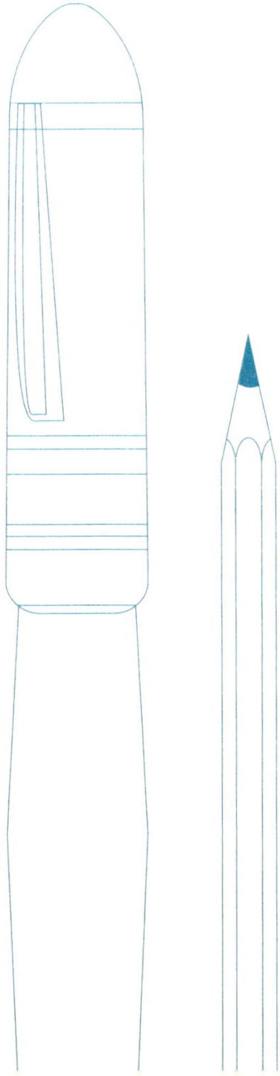

湖南文艺出版社
HUNAN LITERATURE AND ART PUBLISHING HOUSE
博集天卷
CS-BOOKY

すごいメモ

前言

改变笔记的记录方式后，
我的人生变得
更加积极向上了。
这样的事情，
肯定也能发生在
你身上。

“虽然我也记笔记，可是记完后几乎从不会倒回去看。”

“记笔记是新入职人员的工作。我已经不是新手了，还记笔记感觉怪丢人的。”

“（在会议上）与其去记笔记，倒不如积极主动地发言。”

我让人们针对“记笔记”这件事情发表意见时，通常都会得到以上这样的答案。虽然在工作和生活中记笔记这样的场面会频繁地出现，事实上，我们在记忆中却没感觉到自己记下的笔记派上过用场。

因此，人们也不会在日常生活中特意去关注笔记，更加不会积极地去考虑笔记的功效了。

实际上，笔记与做好工作的五个重要方面有着紧密的联系。

这五个方面分别是：整理、设定、考察、发现和指示。

那么，如果这五个重要的方面，做起来能够更加轻松、有趣，而且更有成效，你会感觉怎样？

现在，请你回想一下自己工作时的情景。一定是一会儿在笔记本上记录会议的信息，一会儿又将会议内容写在白板上，一会儿整理会议资料，一会儿又起草企划书的底稿，还要一会儿就新商品的发布形式出谋划策……

一说起工作时的情景，你的脑海中会不会就浮现出这些画面呢？而且，我想，对于工作中的那些关键点，几乎所有的人都会认认真真做“笔记”。

换句话说，“笔记”其实并不仅仅是将信息记录下来，而是与厘清头脑思绪、激发创意为准备资料提供素材等工作中的这些重要活动息息相关。

正因如此，如果我们能够让记笔记的方式变得更加高效的话，我们的工作效率、品质也会随之得到戏剧般的提升。

① **整 理**（整理工作的条件和要点）

② **设 定**（发现课题，制定目标）

③ **考 察**（思考什么是有效的解决方案）

④ **发 现**（发掘出新的创意）

⑤ **指 示**（告知下属和团队成员各自的职责）

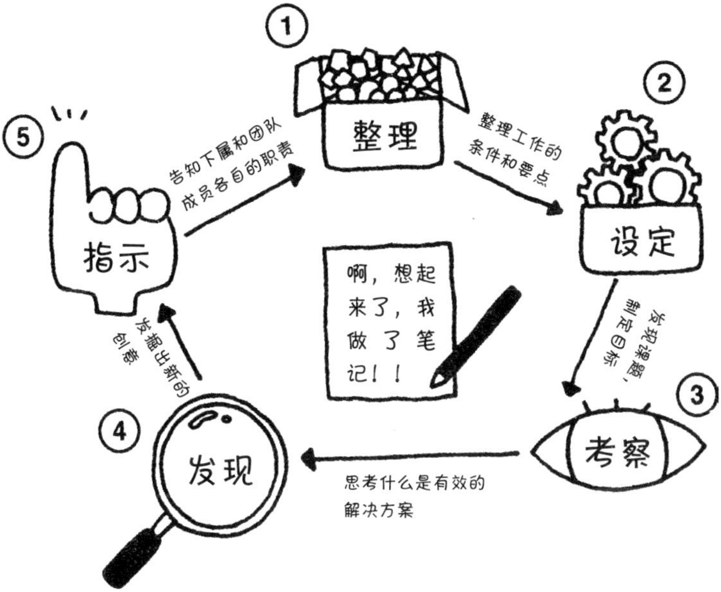

其实，我在广告代理公司工作时，就体验过这种变化。

广告代理公司是信息整合的专家。因为公司常常同时进行很多项目，所以必须一次性处理大量的信息。

不过，入职的头几年，我在信息整合能力方面，不但比不上前辈和同期入职的其他同事，就连跟后入职的新人们相比，我也差了一大截。

可是，自从改变了记笔记的方法后，我所能处理的工作量就大幅度增加，工作的质量也得到了显著提高。当然，与此同时，大家对我的评价也越来越高。最终，我自立门户，成立了公司，收入也翻了一番。

其中的转折点就是——笔记。其实，我可以毫不夸张地说，**正因为有了笔记，才有了如今的我。**

一份笔记改变了我的人生

让我讲一点发生在自己身上的事情。

大学毕业后，我进入了一家广告代理公司，成了一名广告文案。

当时，我虽然拼命地学习新知识，但实际上，在新入职的员工中，我“超乎常人”地没用。

我当时的工作状态是，因为工作效率极其低下，所以常常被工作追着走，在会议上我从来都是一言不发，被领导劈头盖脸地骂，也完全不知所措，至于新的灵感和创意之类的东西，我更是连个影子都找不到。

现在想起来，那时的我真是平凡得令人吃惊，而且因为我自尊心强，所以对于接受这样的现实，感到十分痛苦。总之，那个时候的我，是一个对社会没半点用处的人。

即便如此痛苦，但拼命努力两年后，我依旧没觉得自己在工作上有任何长进。身边人对我的评价也是一如既往地差。我丧失了自信，整天怀着“干脆辞职算了”的心情打发日子。

然而有一天，在会议上，**我看见一份碰巧分发到我手里的文件后，这样的状况完全改变了。**那是一张复印纸，上面不知是谁记下的笔记。

那时的我一直没有认真对待过记笔记这件事，可当我读完这份笔记后，发现上面的内容简明易懂到令人吃惊的地步。

那份笔记上**画了“→”和“☆”等各种各样的记号，还用大大的“○”在几个重要的“信息点”和“答案”旁做了标注。**字写得极其潦草，但笔记让人看起来依然简单明了。即便是对于当时那个在工作中完全不得要领的我，也能一看便立刻明白思考的方向。

那个时候，我不知道为什么，就感觉像自己找到了什么秘诀宝典，对这份笔记爱不释手。我还记得，我当时呆呆地对着那份笔记看出了神。旁边的人看着我这副模样肯定觉得很搞笑吧。（笑）

说实话，那时候，我认为笔记是被领导逼着不得不做的东西，根本不是自己积极主动参与的事情。对于笔记，我总抱着一种嫌弃的态度。

可是看到那份笔记的瞬间，我这样的想法就改变了。

我还记得，我因此决定自己也要这样试试。从那一瞬间起，我开始从不同的角度来看待记笔记这件事。

从“记笔记”到“使用笔记”

“笔记，就是当场记了就完事了，根本不用过后再倒回去看。”当学生的时候，我一直是这样认为的。

可是，会议上发到我手中的这份笔记，是为了将作者的想法传递给他人。**“笔记，不是记了就完事的东西，原来笔记可以成为思**

考的契机啊……”当我意识到这一点的瞬间，我的工作状态开始发生质的改变。

在那之后二十几年的时间里，我不断摸索，在失败中总结经验，创造出各种各样的方式、方法。比如笔记的记录方法、笔记的使用方法，甚至还有使用笔记的发散思维法和传达法等等，然后统统都在自己的生活中付诸了实践。

之后，我于2006年从广告代理公司中独立出来。现在，我带领着公司上下数十名员工，常常同时处理二十多个项目。而且，这个工作的全部过程都需要接收新的信息、理解、思考、提出方案……日复一日地过着这样的生活。

信息以极快的速度从我眼前一闪而过。在这样的信息旋涡中，我不得不根据会议的时间安排，筛选出各个会议所需要的信息，回忆起以往会议中出现的内容，并以此为基点推动会议的进程，做出相应的判断，提出想法，给我手下的员工们传达指示，推动整个工作进程。

原本那个工作效率低下、信息处理能力欠缺的我，是如何走到今天这一步的呢？

对，答案当然就是改变了记笔记的方法。我可以肯定地说，任

何人如果能够有效地利用笔记，都能更加高效有序地担当起比现在手上多得多的工作。

在笔记中迷了路的人

事实上，人们都不认为笔记重要。

我想，这一定是因为在大部分人的印象中，笔记是一种烦琐、派不上用场、多了反而混乱不堪的东西。实际上，我也一度这样认为。

时间一长，笔记就“腐烂”了！

没有使用任何技巧就记录下来的那些笔记，时间一长，变成了连自己看了都一头雾水的东西。然后，为了回忆起其中的内容又得花时间，工作进程被拖长，自己压力陡增。“所以呀，我才不看什么笔记呢！”我想这恐怕是很多人真实的心声。可是，为什么会这样呢？

其实，这是因为笔记是会“腐烂”的。

就像水果和鱼一样，笔记也有保鲜期，放置时间一长，就会“腐烂”。比如说新闻记者这种职业，要求记录大量的笔记，记下笔记后，立刻就要利用这些笔记写成新闻稿件。也就是说，他们的笔记是新鲜度超常的笔记。这个时候的笔记，还残留着自己记录时的“记忆”。因此，即便有看不清楚的文字，自己也能够回忆起当时为什么写下来，写下了什么内容。换言之，**“记忆＋笔记”**创造出了具有高价值的信息。

然而，随着时间的流逝，记忆就会逐渐淡化。那时候，即便看到笔记，也想不起来当时自己之所以记下笔记的缘由了。

“看到过去记的笔记后感到陌生。”有过这样的经历的人，请你回忆一下，你肯定再一次翻看笔记的时候，已经是一段时间之后的事情了。

也就是说，这时候你的笔记已经过期了，“腐烂”了。

过期了、“腐烂”了的信息，即便读懂了也没有任何价值。

无论是什么样的笔记，时间一久，肯定会“腐烂”。大部分的人都会忘记当时写下这篇笔记时的情景。即便是记忆力再强的人，看到一周前的笔记，也有过这样迷茫的时候：“咦？我当时是怎么想的来着？”

我把这种人叫作“在笔记中迷了路的人”。就像一直想不起昨天和前天吃过什么东西了一样，刚过几天记忆就变得模糊起来。其实即便刚刚过几个小时，人的记忆也会变得模糊。正因如此，我们需要学习一门记笔记的技术，**让它不需要依靠记忆，又经得起时间的考验。而且无论什么时候，只要看到这份笔记，我们就能想起当时的发言和关键信息，能够迅速明白应该如何思考。让自己记下的笔记为未来的自己提供思考的契机。**

“未来笔记”这种思考方式

从用来记录自己所见所闻的“过去笔记”，到为**未来的自己创造思考契机的“未来笔记”，本书中讲解的所有内容，都是以改变笔记的记录方式方法为前提展开的。**

大家所指的笔记一般是“过去笔记”。也就是说，是记录当下所听到的信息和所产生的想法的笔记，绝对不是冲着未来的自己发送的信号，对吧？可是，这种从“过去笔记”到“未来笔记”的转换，会成为你工作提升的一个重要契机。

说起来，我通过对目前为止自己所接触到的形形色色的人，以及各式各样的工作方式的观察，发现了导致工作效率低下的两个原因。

第一个原因是“信息过多”。随着工作量的增多，大部分的人都会被排山倒海的信息弄昏头脑，开始不知道该如何思考。

还有一个原因就是“头脑转换有困难”。我们这个时代，需要同时处理很多工作，结束一个工作转换到下一个工作之前，脑子常常反应不够敏捷，需要耗费大量的时间。

而“未来笔记”这种方法，就可以对这两个导致效率低下的问题进行改善。

如果使用了“未来笔记”，看到笔记的一瞬间，你就能找到思考的关键点，能够迅速着手该做的事情，实现工作效率的跨越式提升。应该思考的目标就会变得明确,更能够如愿地想出有趣的方案和创意。

不过，笔记终归是笔记，还是尽可能不要花费太多时间和精力最好，对吧？所以，这本书中完全没有让人费解的规则和理论。我筛选出来的，是人人都能够实践，明天开始就能迅速在工作中使用的笔记整理术。这些都是我一直珍藏的“未来笔记”，是如珍珠一般的十四个方法。

在本书中提到的这些“未来笔记”整理术，都是我作为广告文案时，真正使用过的方法。换句话说，它们都具有很强的实用性，是任何人都能够坚持实践的方法论。我们计算一下，如果每天实践一种方法，那么只需要两个星期，你就可以成为笔记整理的专家。

因此我希望你能够读下去，成为下一个时代所需要的重要的笔记整理专家，提高工作的效率和质量。

更值得一提的是，这本书中记载了我**从作家伊坂幸太郎[1]那里“盗”来的记笔记的方法。**

究竟伊坂幸太郎是怎样记笔记的，又是怎样把笔记运用到实际的生活中的……绝对值得一看。

为了能够快捷地整理信息，找到有趣的创意；

为了能够顺畅地催生新的想法、有趣的企划；

为了理解关键点，向对方准确地传达自己的意愿。

接下来，就让我带着你进入“未来笔记”的世界吧。

---

1. 日本广受欢迎的畅销作家。1971 年生于日本千叶县，深受柯恩兄弟、披头士等艺术家影响。1996 年创作处女作《碍眼的坏蛋们》。2000 年，以《奥杜邦的祈祷》获第五届新潮推理俱乐部奖出道，正式跻身文坛。2003 至 2006 年五度入围直木奖。作品《重力小丑》《死神的精确度》《金色梦乡》等多次获奖，并被改编搬上银幕。

未来笔记的强大功效

1 工作变得轻松愉快！

▷ 从“笔记除了麻烦以外，派不上一点用场”，

▶ **到“笔记带来了愉快思考的契机”。**

2 工作的效率显著提升！

▷ 从“信息太多，头脑混乱”，

▶ **到“思路清晰，能立即着手工作”。**

3 能够再次活用过去的想法！

▷ 从“过去的想法被浪费了”，

▶ **到“曾经遗忘了的想法再一次被唤醒”。**

4　创意之泉不断喷涌！

▷ 从“搜肠刮肚，想不出创意”，

▶ **到“知晓、明了寻找创意的方法”。**

5　成为工作中的能手！

▷ 从“彷徨、不知所措”，

▶ **到“能够立即设定课题，找到解决方法”。**

6　向人们传达自己想说的内容！

▷ 从“含糊不清，让人无法理解”，

▶ **到“大家都领会了我想说的重点”。**

7　能够胜任领导工作！

▷ 从“无法提起团队的干劲”，

▶ **到“能够带领团队愉快地工作”。**

高效人士用超级笔记术｜目录

序章

开启『未来笔记』吧

只需要改变记笔记的方法，
工作就能顺利上轨道！
创意和灵感就会涌现！
欢迎来到像魔法
一样的笔记整理术世界。

让我们来记“不依靠记忆”的笔记

首先，我有一个问题问你：“你觉得，为什么要记笔记呢？”

我这么一问，恐怕绝大部分的人都会回答：“是为了避免遗忘。”

确实，一般情况下，我们记笔记都是出于这样的原因。可是，如果单单是这个原因，那笔记中所隐藏的力量就相当于完全没有被使用。

那么，笔记真正的力量到底是什么？

其实是**为我们创造“思考的契机”。**

正如我在前言中提到的那样，没有技术含量，只是将结果或信息记录下来的笔记，会随着时间的流逝而“腐烂”，最终变成看也看不懂，完全不知所云的一些记录。

正因如此，为了让我们的笔记能够经得起时间的考验，**我们从一开始，就应该抱着“这是要让将来的自己也看得懂”的意识，来记笔记。**

为了达到这样的目的，首先我们可以想象正在重新翻阅笔记的自己，然后像在教“未来的自己”一样去记笔记。**重要的是思考如何才能准确有效地传达给未来的自己，**比如说，可以记录下“应该从哪里开始思考？”“哪个地方是关键点？”等等。

像这样写下了“思考关键点”的笔记，不单能够提升工作效率，还容易激发出新的创意。

因此，在这里，我想把实际中究竟该如何记笔记，仔细地一点一点地娓娓道来。

唤起记忆的笔记

为了给未来的自己留下“思考的契机”，我们应该怎样做呢？

其中基本的一点，是要考虑到未来的自己对于“当下”的事情是几乎不会有任何记忆的。

你不能怀着侥幸心理，觉得多少还是能记住一点。其实，即便是你的那些重要灵感，或是让你印象深刻的事情，到了第二天，不，只不过几分钟之后，应该多半都会被遗忘。因此我们首先要明白，**未来的自己是完全不足信的。一切都从这里开始。**

然后，你开始想象那个"完全没有任何记忆的未来的自己"正在重新阅读自己的笔记，这时候该在笔记上写下什么呢？留下什么呢？要做的事情就是这样，非常简单，**就只需要想象未来的自己就行。**

"像这样写下来应该能看懂吧？""像这样写的话，以后自己读起来会觉得有意思吧？"或者"这样写的话，恐怕以后会看不明白吧？"等等，就像这样不断地一边推测一边记，就像是在打游戏一样，其实慢慢地还会觉得越来越有意思。

而且，这个方法不单比想象中简单易懂，还能很快就见到显著的效果。因此，实践起来也不觉得疲惫。

从大脑到笔记本

也许我们原本没有意识到，其实记忆力是一种非常容易得到提升的能力。人类，比起用脚走路，开车速度更快；比起双脚跳跃，使用了跳杆的话能跳得更高。人类一使用工具，能力就能得到成倍的提升。

同样的道理，记忆力也可以通过使用工具而得到提高。这样一来，我们就不用为自己的记忆力不足而感到烦恼。使用了最新的科技的话，人们还能够得到更好的记忆力和想象能力。

现在是一个人们不得不面对大量的信息的时代，所以就需要不单把信息存储在脑袋里，**还要通过记录在笔记本上的方式，创造活动大脑的契机。**就像把电脑中储存不下的信息，转移到外部的硬盘上，需要的时候再取出来一样，在**大脑的外部，我们也要积累下任何时候都能够取出的信息。这就是“未来笔记”。**对接下来这个信息大爆炸的时代来说，记“未来笔记”是一项必不可少的技能。

一旦使用了这个“未来笔记”，各种各样的信息就能有条不紊地顺利提取出来。而且，工作的效率也能得到提升，创意灵感就会涌现。最令人称奇的是，即便已经忘却的过去的想法，也能够再次复活，重新得到运用。

让遗忘的灵感复苏的方法

在此，我首先讲一讲让过去的灵感复苏的笔记整理方法。

第三章的“传达笔记 1”中会介绍的**“笔记年月日”。**

方法很简单。**就是像记录出生年月一样，把记笔记的日期写**

下来。

“这样就行了？……”产生这样的疑问的人肯定很多。是的，的确这样就OK（可以）。就是这么简单。其实，我最开始记笔记的时候，觉得笔记的日期根本没有意义。不过，我为了方便整理，一直这样做下去后，发现过去的想法居然不断地给未来提供了很多灵感。写下记笔记的日期，虽然是个很简单的活，但其效果是显著的。

接下来，我就来讲讲，通过写下记笔记的日期会带来怎样的效果。

在下一页中有我的笔记本。请你看一下笔记本封面注明的“笔记年月日”。通过这个标注，我就能知道这本笔记是哪年哪月哪个季节写的。在笔记本中，每一篇笔记上都把“笔记的年月日”作为题目，记录了下来。

虽然这是一件极为简单的事情，但是，只要能够坚持，你就能创造出与过去的信息再次相遇的机会。“与信息再会”，可能你第一次听到这个词组，但这是一种特效药，这种药可以让过去的想法不会被浪费，在未来衍生出新的创意。

比如说，在工作中，我们会遇到搜肠刮肚找不出方法的时候，对吧？老是没有灵感，或者是一直寻不到有趣的信息等等。**这种时候，一个行之有效的方法，就是倒回去看过去的笔记。**去翻看过去那些觉得“啊，真有趣！”的时候记录下来的信息和想法。

不过，即便是翻看过去的笔记，也会不时出现总是遇不到合适的创意的情况，时间倒是过去了，结果什么都没办成。**这个时候，为了提高“与信息再会”的精准度，就可以使用“笔记年月日”，去查看过去“同一个日期”的笔记。**

这样一来，就能找到去年这个时候，同一个月、同一个季节、同一种温度、同一件事情、同一种心情下记录下来的笔记。**通过“笔记年月日”沿着时间轨迹探索过去，就能跨域时间，与过去的自己相遇。**

当然，只是翻看过去的笔记，其实就已经有足够的效果了。只是为了进一步提高“与信息再会”的精准度，**翻看在相似的条件记录下的笔记更为有效。**这样一来，可以跟自己过去的感觉相互碰撞，刺激出新的感性认知。

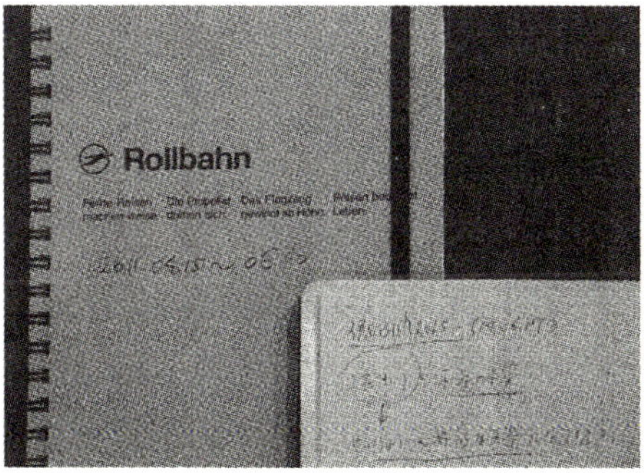

当下没想到的事情，曾经也许已经想

与过去的笔记再次相遇

到过。通过与过去的笔记的相遇，能为催生在当下通用的想法创造契机。这个“笔记年月日”是一个十分简单的方法，到目前为止，我已经有了好几次成功的经验，接下来让我来讲一个吧。

通过“与信息的再会”催生了销量一百三十万的人气商品

在过往的笔记中，我写过这样的话。

晒不黑，晒不着。这是女孩子们非常喜欢的话。

这是大约在七年前，在电视广告上经常听到的一句台词——“今年晒不黑”，听到后我记录在了笔记本上。“笔记年月日”是 2009 年 5 月 10 日。

之后第二年的冬天，来了一个广告制作的订单。商品是夏天穿着的功能型 T 恤。其功能中“防 UV（紫外线）”是它的强项，但其他厂家的 T 恤也有各种各样的功能，如果不施以办法，我担心它的特点就会被埋没。

那时恰好是冬季。我迟迟无法将自己置身于夏天的场景中，一番苦战后，没办法我只好翻看了以往的笔记。我查询的日期，正好是这种 T 恤预售的 5 月份。**因此，在笔记中迎来了与“晒不着”这句话的再次相遇。**

“晒不着”这句话通常被大量使用在进入夏季之前的化妆品行业。我使用了这句话，就跟其他商品的广告产生了搭配的效果，于是这“晒不着 T 恤”就成了夏天的一大流行元素。杂志也对“晒不着商品”进行了一番大力宣传，那一年，这种具备**防 UV 功能的 T 恤**成了销量突破一百三十万的热卖商品。

另外，我还有很多成功的事例，都是因为回头翻看笔记而找到了创意灵感。每一个都不是我翻开笔记随意就碰到了的，而是**有了年月日这个路标，我才得以与它们相会，旧的想法才能够复活。**如果能与合适的信息再会，催生有趣创意的可能性也会更大。

我想大家肯定都有过这样的经验，发现“想法”这种东西，不管当时觉得它多么有趣，只要一不使用，就会立刻忘记，不可能永远停留在脑海里，总有一天会消失殆尽。

可是，消失殆尽的“想法”中有可能夹杂着非常重要的“想法”，有可能是这个时代所需要的、所接受的“想法”。不浪费过去的想法，将其变为未来的创意。**“丢弃过去的想法会觉得惋惜。”这个“笔记年月日”就是从这种心理中创造出来的“想法复活咒语”。**

这不过是“未来笔记”其中一个很小的功能而已。接下来会提到越来越多“未来笔记”的强大功能。如果有可能的话，请你不只是阅读此书，而是将接下来我所说的这些内容中，哪怕只是一点也好，坚持实践一个星期。就这么简简单单的动作，我想工作效率和结果

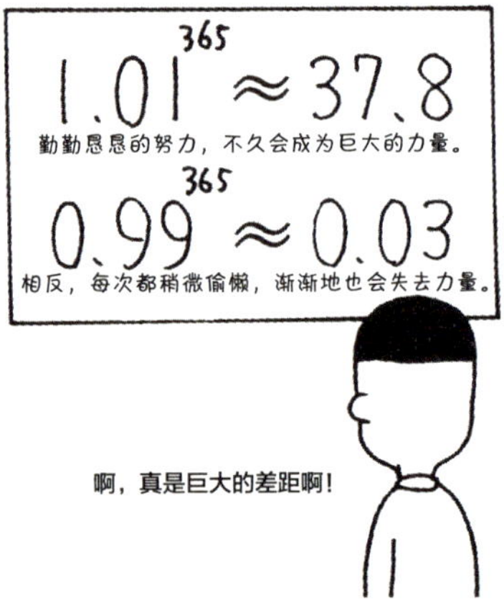

一定会往好的方向转变。

一年之后，你就会发生巨大的变化。**1.01 和 0.99 这样的细微差异，如果分别 365 次方就会带来巨大的差别，**同样的道理，哪怕是微不足道的事情，只要勤勤恳恳地坚持下去，必将带来显著的成果。

提升强大工作能力的“三种未来笔记”

那么接下来，是时候让我讲述“未来笔记”的内容了。

首先，“未来笔记”大致可以分为三种类型：

第一种是“整合笔记”。

第二种是“创意笔记”。

第三种是“传达笔记”。

以上三种笔记我会在接下来的各个章节中一一详细介绍。

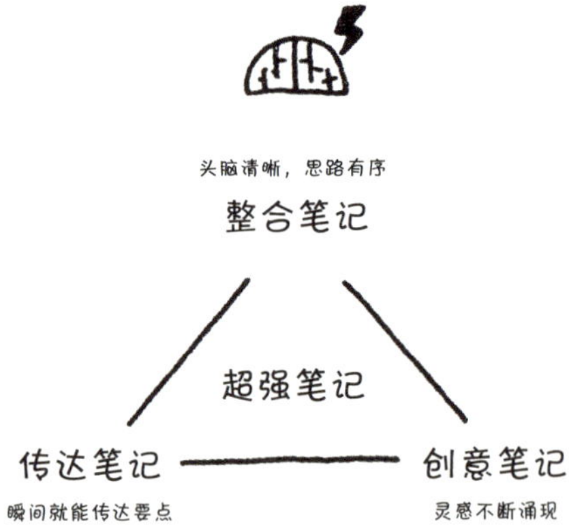

未来笔记 1　“整合笔记”
简单整合信息，让工作有序化的方法

“整合笔记”顾名思义就是使用笔记来整合信息的笔记整理术。

换句话说，就是把乱七八糟的信息整理得条理清晰，简单易懂；把会议中出现的重要的话语和发现，整合成方便实用的东西。这样一种使用左脑的笔记方式我们叫作“整合笔记”。简而言之，就是把混乱繁杂的信息变为简洁明了的有效信息。你只需要记住这个简单的方法，工作上就能得到巨大的提升。

在被称为媒体行业必读书的《创意方法》这本书中，作者詹姆斯·韦伯·扬**强调了作为创意的第一阶段的最重要任务——资料收集和资料整理的重要性。**我所说的这个“整合笔记”就相当于他所说的第一阶段的行动方式。**给笔记加上记号和标题，从信息中提炼出“有价值的信息”，工作效率立马得到大幅度提升，为创意的产生创造空间。**不愧是为商业创造显著效益的超级笔记整理术。

未来笔记 2　“创意笔记”
用笔记的力量，催生大量灵感的方法

第二种笔记是“创意笔记”。这个是催生创意的笔记方法，在需要寻找一些新的思想，或者需要思考一些商业上的解决方案时推荐使用。

因为这种笔记大量使用了图纸和绘画，所以能够在对右脑进行视觉上的刺激的同时，催生新的创意。如果能够掌握这个“创意笔记”的方法，你寻找创意时，就会惊讶地发觉轻松起来。甚至能够达到一个小时里催生一百个创意的程度。

在我前面所说的《创意方法》一书中，作者写道：**“所谓创意，不过就是既存要素的重新组合罢了。”**使用笔记催生“重新组合”，这就是“创意笔记”的使命。

接下来，我还会给大家讲一些催生有趣想法的笔记方法。比如，插入“漫画”让自己想传达的想法更加明确的笔记方法；给自己的工作制造障碍来启发灵感的笔记方法，等等。

使用笔记催生创意，这是一件非常有趣的事情。“创意笔记”是使人人都能胜任创意工作的笔记方法。

未来笔记 3 “传达笔记”
借笔记的方式，传达重要信息的方法

第三种笔记方法就是将**从“整合笔记”“创意笔记”中获取的内容，以简单易懂的方式传达给别人的笔记方法。**领导团队的高层、与上级下级一起工作的中层、跟公司外的人合作共事的员工，是我推荐传达笔记的对象。我的工作当然也是如此，很多时候需要与大量的人相互协作共同前进。在这之中最重要的，而且最难的，也许就是与团队和客户之间的沟通交流。**这种“传达笔记”就是促使沟通、交流更加顺畅的笔记方式。**一旦你把它掌握了，无论是你的工作，还是平日生活，你想传达的事情都能够愉快地传达到位。

以上这三种“未来笔记”，无论哪一种都是由简单的笔记技巧构成的。

当然记忆起来毫不费力。你只需要把现在捧在手上的这本书阅读完就行。而且，掌握之后，这个笔记术将让你终生受益。我真心希望大家能够使用我在书中提到的方法。

那么“自我吹嘘”就暂且先到这里，首先，从整理信息、提高工作效率的“整合笔记”开始，让我为你详细介绍。

ちょっとブレイク Column 1

小憩一下 Column 1

笔记散步

——手持笔记本上街散步吧

笔记，让我有更多机会邂逅有趣的事物。

比如，相声演员经常会讲一些在大街上发生的有趣的事情，**那是因为他们常常为了寻找话题，“拉长了天线”在不断搜索信号。**

只要对世界保持好奇与关注，你就能发现有趣的事物。

这里我们推荐**“笔记散步”**。你所需要做的，就是怀着探索有趣事情的心情，走在大街上，一旦发现有趣的东西，就立刻记在笔记本上。

笔记本，有着收集素材的功能，带着笔记本走在大街上，街上的有趣事物就能大把大把地收入囊中。

如果，还想收录更多的素材，那么还可以做**“snap（拍照）笔记散步”**，就是手持手机，到大街上去，看到有趣的事物就拍下来。拍下来后，把自己当时的所思所想，用笔记简单地记录下来。

即便拿着手机不知道该拍什么，也总比两手空空的时候，对大街衍生出更多的好奇心，更能细致地对大街上的事物进行观察。

光是这样，也能感觉到周围世界变得更加有趣。

所以，请你务必试上一试。

第一章

整合笔记

五个笔记技巧，
把乱七八糟的信息整理得
惊人般井然有序。
信息，整理好了是『武器』，
整理不好就是『垃圾』。

信息，整合好了是“武器”，整合不好就是“垃圾”

信息，如果不整理就无法使用。

无法使用，便与垃圾无异。可是像垃圾一样的信息，在我们的周围堆积如山。

这种“整合笔记”就是一种以笔记为形式的信息整理术。

掌握了“整合笔记”，无论任何人，不管从事什么工作，都能够把信息整理得有条不紊。

而且，我认为**这正是在接下来的“信息洪水”泛滥的时代中求生的唯一法则。**

我在这里所介绍的“整合笔记”有五种类型，每一种都效果显著，而且都简单易懂。任何人只要能够将这个笔记方法运用自如，都能轻而易举地将手上的工作做得妥妥帖帖。

那么，就让我立刻来为你介绍这五种笔记方式吧。

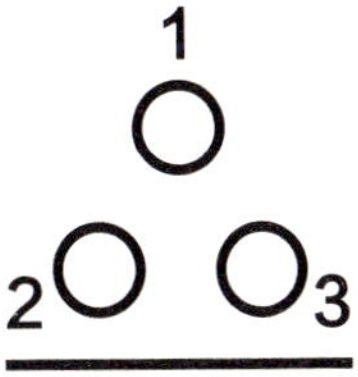

整合笔记 1

三个“○”

通过最为简单有效的“整合笔记”，
把重要的信息传递给未来的自己。

“整合笔记”的第一个方法，仅仅是一个“○（圆圈）”。

“啊？圆圈？”有人可能会觉得很吃惊，但是这个圆圈非常有用。有了圆圈，你就能很快知道哪些是重要的信息。圆圈一直被我们用来作为表示正确的符号，因此我们只要看到圆圈，瞬间就能了解这个信息是“正确，且不可或缺的”。

你要做的就是画一个“○”

这“三个○”的笔记方法着实简单，只需要你在做笔记的时候，

在发现觉得重要的信息和文章时，在旁边标记上“O”。这个方法很简单吧？

但是，就这样一个简单的动作，你写下的笔记就能立刻变为“有用”之物。

我在之前也提到了笔记的缺点，那就是倒回去看的时候会觉得混乱不堪。因此，我们就**使用“O”，这样就明确了该看的重点。**只需要这样做，信息就能整理得简单易懂。

请你看一下，接下来这一页中的两份笔记。内容是大家都熟知的家庭用游戏机“PS4”推广活动用的话题整理。这是我在2015年春实际工作中记录下来的内容。

怎么样？你的目光是不是立刻就被下方标有“○”的笔记所吸引了？而且，这下方的笔记中，你的目光又停留在了标有“○”的地方。

请你不要觉得这是理所当然，不值一提的。首先，吸引读者注意力是非常重要的事情。更别说，十天后、一个月后、一年后再翻看这份笔记时，这些“○”更会成为重要的路标。

事实上，我当时在记录下这个PS4的笔记一周后，有关之前会议的记忆就完全模糊了。

不过，通过在会议前翻阅笔记，我又立刻回想起来之前开会的要点，因此便很快就决定了思考的方向。

在这几个标注了“○”的主题中，是选择推广那些让孩子们能在世界上，销量已经达到了一亿台之多。

在日本，人们花费在游戏上的时间比之前少。

PS2 以后，很多玩家都开始远离了。

PS4 较之前发生了显著的变化，让人一见就为之吃惊。

对于有趣的游戏，虽然很多人想玩，但大部分人都没有空闲。

与“电视”和“LINE（一种即时聊天工具）”相互争夺空余时间。

人们比较容易购买那些家庭成员都感觉有趣的东西。

如果能够跟孩子一起玩，那么就想试一试。

↓

在世界上，销量已经达到了一亿台之多。

在日本，人们花费在游戏上的时间比之前少。

PS2 以后，很多玩家都开始远离了。

○ PS4 较之前发生了显著的变化，让人一见就为之吃惊。

对于有趣的游戏，虽然很多人想玩，但大部分人都没有空闲。

○ 与“电视”和“LINE（一种即时聊天工具）”相互争夺空余时间。

人们比较容易购买那些家庭成员都感觉有趣的东西。

○ 如果能够跟孩子一起玩，那么就想试一试。

主动参与的软件，还是针对“没有空闲时间的男性们”，在他们上班时间或在购物中心等地点向他们宣传这个游戏多么有趣，还是考虑开展能够让人们轻松体验游戏升级的宣传活动……这样一来，当场我就通过这份笔记，想出了能够用来做推广活动的点子。

在“肯定会遗忘”这个前提下

我在本书中提及了多次，即便是你刚记录下的会议内容，几天后当时的记忆也一定会变得模糊。当然，就不可能分得清哪些地方重要，哪些地方需要思考。但如果在笔记本上标注了这个“○”，你们**就能够明白记录下这些信息的时候的判断。**这一点十分重要。**“○”就是判断的标准。**

这里标注了“○”。

↓

也就是说明我当时觉得这里很重要。

↓

也就是说明我当时是这样判断的。

↓

也就能推测应该这样做。

有了这样的指引，工作的效率就能得到大幅度提升。

随后，就能以惊人的速度顺利地开始思考。

那么，这个“○”，我们应该标注在哪里好呢？

实际上，不需要任何思考，只在自己认为重要的地方标注“○”，这样的做法是可以的。不过，为了这份笔记之后看起来也不费力，我来讲讲标注“○”时的三个规则。

规则 1：一份笔记上，最多只标注三个“○”。

首先，有了这个“最多三个○”的规则，就避免了一份笔记上出现无数个“○”，让人感觉混乱不堪的情况。

当学生的时候，有些人会用荧光笔画很多线，结果教科书上什么是什么根本分不清。与此同理，我们真正开始画“○”后，在很多地方都会想画“○”。

如果是这样，整份笔记就满满的一堆“○”，结果根本不知道到底想表达什么内容。所以，“最多三个○”。如果能够坚持这个规则，在选择该在什么地方标注“○”的时候，我们就能更加深入地对笔记中的内容进行思考。这个过程是尤其重要的。

规则 2：感觉似曾相识的地方，不标注“O”。

在公司文件和计划书等“感觉好像重要”的地方，你是不是会想画上“○”？可是，即便这样做了，也没有太大的意义。因为哪怕没有这样做笔记，看了原来的文章也能明白其中的意思。

与之相比，更重要的是那些容易被遗忘的信息。比如说“觉得重要，想以后回头仔细思考”的内容，比如“当时心里浮现的想法”“觉得之后有必要调查的内容”“应该思考的方向”等等。在这些内容上标注“○”，将来自己再倒回来看的时候就会更容易明白。

规则 3：觉得有疑问的地方，先标注上“O”。

在感觉有疑问的地方标注圆圈也非常重要。这样一来，将来自己就会立刻察觉，并且开始思考。我经常会听到有人说“最初讨论时想到的内容，后来成了最终的结论”，这是因为最初以新鲜的视角来观察问题时，没有被过多的信息所蛊惑，因此能够立马就抓住核心问题，并想到问题的答案。

“这个为什么是这样子？”这个最初的简单疑问才真正抓住了问题的本质。我把这个称作“first？”（最初的疑问）。如果能够重视这个“first？”，就能明确课题，之后想出来的主意也能更加贴近课题。因此，我们在需要的地方标注上“○”，记住这个“first？”。这样一来，当你忘记了做笔记时的想法，这个“○”就会帮助你回忆起来，而且为你带来各种各样的好效果。

那则广告，是由一个“○”催生而来

其实，我年轻的时候，在一个广告项目中就体验过这个“○”带来的好处。这是为“日产 Serena（赛瑞纳）”汽车撰写广告词的项目。

Serena 是家庭用面包车。虽然当时这种类型的车非常畅销，但是日产远远落后于丰田的诺亚、本田的家庭客货两用车。于是，日产想借着新品 Serena 打一场翻身仗。

对广告撰稿人来说，能够接手汽车广告是一件值得骄傲的事情，而且这次还是一个非常重要的项目。因此，年纪轻轻就被提拔来负责此项目的我，信心满满，也干得格外拼命。

可是，我完全写不出一句好的广告词。连上司都开始说：“小西不行，我看再找一个人更好吧。”

现在想起来，当时写作的时候，我一直在强调的是与其他竞争对手的差异。也就是说写下来的广告词全部是在宣传“我们的汽车更好”。当然，作为广告而言，宣传自己的独特性的确非常重要，但仅仅是向受众传达自己与竞争对手的细微差异，最后是无法打动人心的。作为广告来说，这样的选材格局太小。本来应该写出打动乘车人内心的广告词，结果我却一直没有意识到这一点。

就在这个时候，我翻看笔记时遇到了一个“○”。

那是我接手这个汽车广告项目以来，第一次去日产公司参观汽车生产基地时的“first？”。

“大家都是怀着怎样的心情购买这辆汽车的啊？”

一开始，我就有了这样的疑问。于是，就在这笔记的旁边标注了“○”。这分明是一个非常重要的“？”，之后我却忘记了。在大大小小的会议中，在满天的数据、表格、资料等覆盖下，更明确的独特性在哪里？与竞争对手相比哪里更具有优势？市场在需求什么？脑袋里全被这些事情塞得满满当当。

作为广告来说，思考这些当然无可厚非。但是，仅仅这样是无法打动人心的。**父母的本意是什么？孩子们有什么样的愿望？广告词中该传达什么，人们才会想要买下这辆汽车出游？汽车给家庭带**

来了什么样的快乐？这些才是应该考虑的地方。

与这个“○”的再次相遇，才让我想起来这些问题。于是，那句广告词就诞生了。

“要物质，更要回忆。”

这句话，在当时因为埋头工作无暇顾及孩子的父母群体中，唤起了强烈的认同感——“应该创造与孩子共同的回忆”。以此为契机，这款汽车的销售量也得到了飞跃式的增长。

结果，“要物质，更要回忆”这句广告词赢得了超高人气，成为自1999年起到2003年四年间一直持续使用的广告词，至今都是很多人的座右铭。随后，我也借此机会成了独立的广告撰稿人。这一切都是源于一个“〇”。正因如此，我到现在都把这小小的“〇”当成宝贝一样珍惜。

当然，在读者中，肯定有人会觉得“这不过是碰巧而已，单单标注一个‘〇’，根本不会发生这么戏剧性的改变”，对吧？

但事实就是，当你标注了“〇”之后，**你只要倒回去翻看笔记，就能遇到曾经标注了的那个信息，就能够回忆起那个“first？”，迷茫的感觉就会变得豁然开朗，由此萌发出新的创意。**因此，我希望大家能够标注好“〇”，**把记笔记时的所思所想传达给未来的自己，给未来的自己留下“帮助理解的线索”。**

人肯定会遗忘。意识到这一点，做好准备，即便是现在忘了，不久的将来也要让自己想起来。这就是未来笔记的神奇之处。

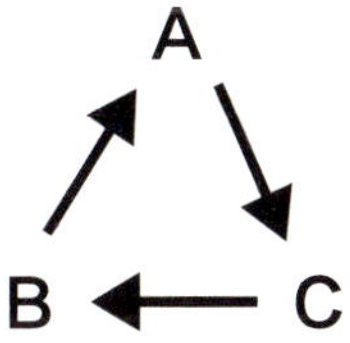

整合笔记 2

箭头符号“→”

“→”创造秩序。

理清楚了顺序，再复杂的事情也能让人一下子豁然开朗。

第二个“整合笔记”的方法是“→（箭头）”。“这次又单是箭头符号？”这样的质疑声音，我仿佛听得到。不过，的确如此，就是一个箭头符号。

可是，这个箭头符号可以在笔记中催生具有决定性重要意义的东西。这就是“秩序”。

不知道该以怎样的顺序来思考。

思考的问题过多，脑子转不过来。

无法判断哪一个是最重要的点。

这些困境都是思维混乱导致的。思维混乱了，人就开始不知道该怎样思考。只要冷静下来就能意识到的事情，思维一混乱，通通都摸不着头脑了。

笔记也是同一个道理。混乱不堪的笔记变成了完全不知所云的垃圾，即便是读了也只是接触到表面的一堆让人费解的文字组合罢了。

正如我在序章中所言，看到笔记本后，如果产生这样混乱的体验，那么笔记就成了一个麻烦不堪的事情，成了没有用处的资料。正因如此，秩序变得必不可少。

“混乱”的对立面是“有序”

不知道该以怎样的顺序来思考。→ **从这里开始思考就行了！**

思考的问题过多，脑子转不过来。→ **把需要的和不需要的信息分门别类！**

无法判断哪一个是最重要的点。→ **只要找到解决这个课题的方法就行了！**

像这样如果能够理清楚思考的顺序和目的，人就会瞬间感觉安心，进而冷静下来思考。

这就是**“信息的秩序”**。创造这个秩序就是“→”的使命。

只需要把杂乱无章的信息用“→”连接起来，**信息之间的关系就会变得明了，信息看起来便一目了然，理解起来便简单易懂。**而且，**因为明确了思考的顺序和目的，想要有创意也就更加容易了。**

让我们来看一个例子吧。后面有三份笔记，分别排列印在了三页纸上。

这是我在2010年为时尚大厦PARCO起草广告词时所记录下的笔记。第一份笔记——这是在开会的时候，一边谈论着各种各样的内容，一边随意写下的当时跳入自己脑海的内容，因此看起来乱七八糟。这样的话，**等我将来倒回来翻看笔记时，就会觉得很头痛。**

会议结束后，我趁着自己对笔记的背景，也就是当时的所思、所想、所察等等还记忆犹新的时候，用“→”将笔记连接了起来，创造出了秩序，于是就有了第二份笔记。而且，还在上面用“○”和“下划线”重点标注了起始点，这样一来，等以后再倒回来看的时候，该如何思考，就能够一目了然。

怎么样？**在第一份笔记中凌乱不堪的信息，到第二份笔记里面，通过“→”连接起来后，变成了简单易懂的有价值的信息。**这就是“→”符号的作用。

虽然我们日常生活中一直理所当然地使用着"→"，**但是像这样明确了"使用方法和其目的"后，我们的头脑就能更加清晰，思考创意的时候就自然更得心应手。**

1

现在的幸福是什么?　制作人时代（白马王子时代）

促销?　品牌打造?

时尚　没个性的时代?　stylist（造型师）时代（希望其他人来决定衣服的风格）

现代的梦想是什么?　能够幸福就能卖更多

流行转瞬即逝

通过时尚能做到的事情来描述　灰暗的时代／经济状况糟糕　不追逐流行，而是追逐本质

销售非常重要　交由他人决定的时尚

不能买过时了的衣服　希望买到受别人称赞的衣服

时尚＝帅气?

如果把另类作为帅气的话会是怎样?

高级的东西流行不起来

一样的就行了／一样的更好

选择时尚的意义是?

为了穿昂贵的衣服　时尚＝个性

符合这个时代的好的生活方式是什么?

不是同一个意思　生活方式的提示　Think different（非同凡想）/Just do it（去做吧）！

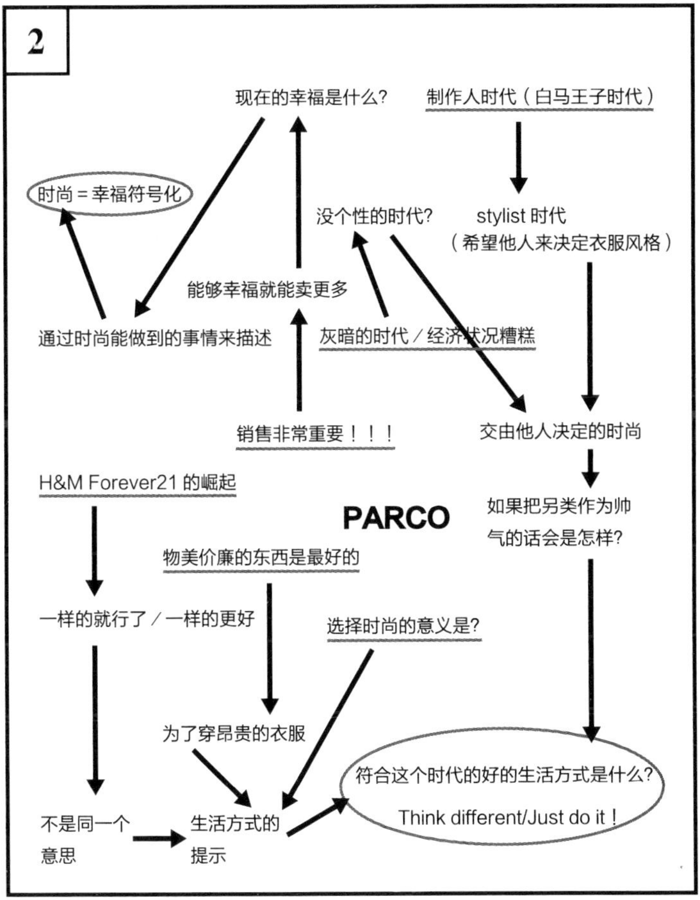
2
现在的幸福是什么?
制作人时代（白马王子时代）
时尚＝幸福符号化
没个性的时代?
stylist 时代
（希望他人来决定衣服风格）
能够幸福就能卖更多
通过时尚能做到的事情来描述
灰暗的时代／经济状况糟糕
销售非常重要！！！
交由他人决定的时尚
H&M Forever21 的崛起
PARCO
如果把另类作为帅
气的话会是怎样?
物美价廉的东西是最好的
一样的就行了／一样的更好
选择时尚的意义是?
为了穿昂贵的衣服
符合这个时代的好的生活方式是什么?
Think different/Just do it！
不是同一个
意思
生活方式的
提示

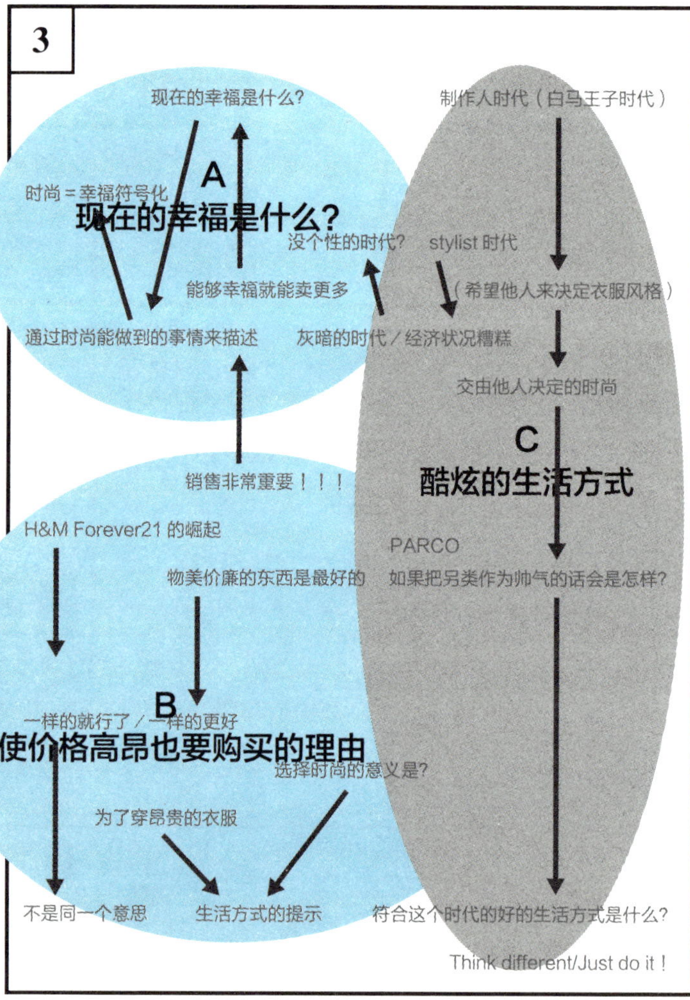
3
现在的幸福是什么?
A
时尚＝幸福符号化
现在的幸福是什么?
能够幸福就能卖更多
通过时尚能做到的事情来描述
制作人时代（白马王子时代）
没个性的时代?
stylist 时代
（希望他人来决定衣服风格）
灰暗的时代／经济状况糟糕
交由他人决定的时尚
C
酷炫的生活方式
销售非常重要！！！
H&M Forever21 的崛起
PARCO
物美价廉的东西是最好的
如果把另类作为帅气的话会是怎样?
B
一样的就行了／一样的更好
即使价格高昂也要购买的理由
选择时尚的意义是?
为了穿昂贵的衣服
不是同一个意思
生活方式的提示
符合这个时代的好的生活方式是什么?
Think different/Just do it！

第三份笔记更加实用。把通过“→”连起来的第二份笔记分为了 A、B、C 三大块。实际上，这样的总结也非常重要。**以后重新翻阅笔记，思考这个问题的时候，这样的总结就会提示我们思考的方向。**通过总结分为三个板块：

A 用“现在的幸福是什么？”这个观点来捕捉时尚。

B 对于快时尚，思考“即使价格高昂也要购买的理由”。

C 给当今时代推荐“酷炫的生活方式”。

通过总结，以上这些观点就整理出来了。有了这些做辅助，再思考创意岂不就更加容易了吗？

在此，我想请你再看一次前面的两份笔记。正如你所看到的，在第三份笔记上没有了第二份笔记上那些没有用“→”连接起来的文字。**这是为了给看笔记的人（包括未来的自己）传达更加简单易懂的“思考方向”。**把会议记录等类型的笔记传递给人看的时候，如果能够像这样“把不需要的信息去掉”效果会更好。

在这个例子中，我从第三份笔记里的 A、B、C 三个方向寻找创意，最终从 A 这个方向找到了灵感。“现在的幸福”是“能够与喜欢的人共度二人世界”。然后，我为了把这个主题通过时尚的方式表现出来，提出了“局部情侣照”的方案，并且把广告词定为：**“两个人逛 PARCO 真好，能与你手相牵。”**这句广告词还在促销活动时摆在了店铺前，进行了大力宣传，结果催生了当时史无前例、盛况空前的促销活动。

ふたりPARCO.jp

而且，据在本书的第四章中出场的作家伊坂幸太郎说，他在写小说之前一定会使用箭头符号来将自己想写的东西进行整理。

这个对写作者来说如此重要的“→”，其实对读者来说，作用也非比寻常。追随“→”读下去，不仅能够更轻而易举地理解内容，而且能够在**追逐“→”的过程中，享受那种渐渐逼近结论时的阅读快感。**“→”这个笔记技巧，不仅帮助了记录的人整理思路，而且还给读者增添了阅读的乐趣。

有了路标就不会迷失

让我们来更进一步思考这个“→”的作用。

首先，正如我一直在说的那样，“→”为笔记中的内容建立了秩序。这就像笔记内部的“路标”一样，有了“→”，即便是已经有些时日的笔记，你也能够思路清晰地、顺畅地读下去。

按照秩序按部就班，人就会感觉安心。就像把散落得乱七八糟的扑克牌按照顺序排列起来之后，自己心里就会莫名地觉得安稳下来一样，把从旧的东西到新的东西都排列起来，把原因到结果都清晰地罗列出来，人就会感到身心愉悦。

这就是因为顺序带来了秩序，大脑开始被梳理清晰。

人，肯定是有秩序的感觉比无秩序的感觉好。

因此，这个“→”非常重要。它可以创造出顺序，将无秩序的状态改变为秩序井然的状态。“→”这个符号虽然很简单，但它的确是能够让头脑清醒的一个意义非凡的笔记整理工具。

而且，“→”还有可能让你养成关注“目的”和“原因”的习惯，

进而让你更加容易发现新的课题。这一点实际上十分重要。

“→”符号吸引注意

我们一使用“→”就会产生“原因→结果”“需要→优点”这样的联系，相反，对没有联系的部分就会产生疑问。

这个疑问对于问题的解决至关重要，因为我们可以从这个疑问中发现“新的课题”。

在这里，我暂时转变一下话题。我经常在宣讲会上给大家介绍因为使用了“→”为我带来的发现。主题是“广告”。

当今，广告正在发生巨大的变化。这样说是因为数年来SNS（指社交网络服务）和网络起了很大的作用，从而削弱了至今为止盛行不衰的电视和报纸的作用。换句话说，在现在这个时代，向很多人同时传递同一个信息，这样的方法已经行不通了。

从“广而告之”=“广→告”的时代，变成了以网络为中心，“分享与传播趣事”，也就是“告→广”的时代。

从“广告”到“告广”，只需有了这样的意识，就有了重新审视目前为止的“广告”方法论的契机。

像这样，在平时发现的“联系”之间，通过故意地插入“→”，一些看不见的“矛盾”或“差异”就会慢慢浮现出来。这种事情在我的生活中常常发生。你也在你的生活或工作中试一试，说不定会有有趣的发现。

像这样，“→”成为发现疑问和矛盾的契机，发现了这些之后，接下来，**就请试着在会议或课堂上将这些疑问提出来。像“这里的联系不是很清楚，可以请教一下吗？”**这些问题，是非常积极的，会为你带来好评。“这个人在认认真真地思考发言人所讲的话”“这个人能够进行合乎逻辑的思考”等等。

纵使问题提错了，也不会得到差评。相反，你会因此理解得更深刻。在会议或课堂上不知道该提什么问题的人，请一定要试一试。

写到这里，我好像能听到这样的心声：“为了插入‘→’必须得理解内容，这不是又麻烦又困难吗？”

的确如此，一边理解内容，一边进行确实有点难度。

但是，请放心。你需要做的事只是做笔记，然后用“→”连接起来，一开始没有去仔细钻研内容的必要。

先愉快地画一个“→”就好，稍后再来理解

将在谈话时出现的想法和信息做好笔记，之后，找点时间用“←”将笔记联系起来。

至于，**“→”的意思到底是“所以”“于是”“顺便说一下”“总之”“可是”“进一步”中的哪一个，**暂且放一边。首先，将那瞬间所想到的，按照自己的感觉愉快地依次联系起来就OK！比如说“因为A，所以B。在这儿与C有联系，于是就有了D这个优点……”，就这样轻松地连接起来。首先从这里开始就行了。

实际上，“→”**即便用错了，依然会有作用。**因为它可以帮助我们发现矛盾。当我们回头翻看笔记的时候，就会发现“不管怎样都联系不上呀……”，从而发现新的课题。

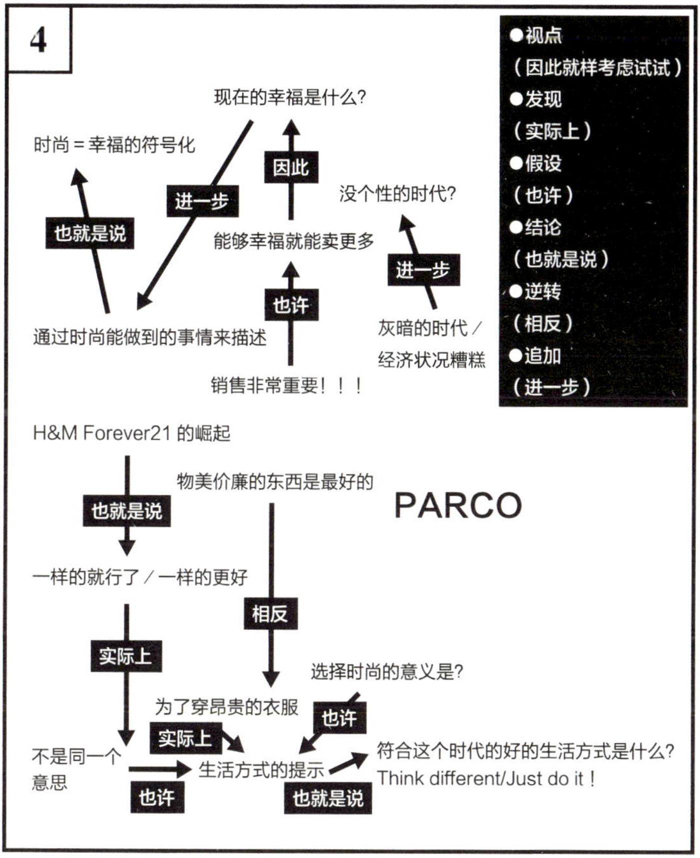

用“→”连起来的笔记，因为将阅读的顺序和理论形象地整理了出来，所以读起来就很容易。比起在脑子里用大量的文字整理，用“→”等符号进行的视觉整理，让人更容易理解。

正因为有了这些简单明了的信息，我们才**更容易发现联系中的矛盾。**如果习惯了这样的方法，在看这些“联系”的时候，我们就能一下子发现其中的矛盾，并且迅速想出解决的方案。

好了，讲完了“→”，就让我们开始了解第三种“整合笔记”吧！

VS
?
O ×
☆
⇔

整合笔记 3

符号

“整合笔记”中的符号，让阅读更加容易。
只需三秒书写，就可使工作效率提高三倍。

接下来要介绍的笔记方法是“符号”法。说起符号，世界上有各种各样的符号，而我使用的就是下面这五个。

VS：具有谁和谁竞争的意思。

？：表示这部分不懂，答案有待寻求。

O ×：表示这个方向是正确的，或错误的。

☆：表示这里很重要，需要重点思考。

⇔：表示两者需要对比思考。

但是，先请大家什么都不要想，随意选择自己喜欢的符号使用。当然，你可以同时用三个，也可以只用一个，各自使用自己想用的符号就好。

重要的是，不要想得过于复杂，你只需要将脑海中浮现的事，用符号记录下来就行。

做笔记或回顾的时候，**用符号把所思所想记录下来，要比用文字书写快得多。**另外，更容易理解和阅读做了笔记的内容，从而使工作效率也会得以提高。

与用文字书写不同，“○”或“？”书写用不了三秒，但阅读这样的内容，思考的速度将提高三倍。

符号会迅速简捷地传递大量信息

那么，下面我来介绍几个自己常用的符号。

首先是“VS”。

这是在书写有“对抗概念”或“竞争信息”的内容时使用的一个符号。一般性的竞争自然不用说，关键是在强调“应该意识的竞争”时使用。

比如，在思考音乐CD（唱片）的贩卖方法时，在笔记上写下“VS YouTube（世界上最大的视频网站）”“VS违法下载”等的过程中，我会渐渐意识到，其实它甚至与其他网络服务和社会问题之间也存在竞争关系。一提起“VS”，我们的脑海中往往就会出现“竞争”“对抗的概念”这样的意识，但我们应在此基础上，让它成为思考怎么做的一个契机。

接下来是“？”。

这是一个非常简单的符号，总之，**只要觉得有疑问的时候，就使用“？”，这样一来，它就会成为让你的思考进展得更顺利的武器。**

实际上，我经常使用“？”这个符号。例如，2009 年秋，我在负责女性文胸吊带衫（以文胸吊带衫 bratop 为代表的）时，在笔记中标注了“VS bra（文胸）”。只是当时总觉得有点不对劲，于是就在“VS bra”旁边添加了一个“？”。

在几天后的会议上，我发现了这个标记，于是就向女员工们询问：“文胸吊带衫的竞争对手就是文胸吗？”还好我当时标注了这个问号，不然我就没机会提出这个问题了。

之后，我就有了这样的假设：“也许现在的女性已经厌倦了硬邦邦的胸罩，希望能有更舒适的？”“如果是这样的话，我就往‘更舒适的内衣’这个方向思考”，于是我就这样找了这条思路，随之一个点子就出现了。那就是**不会透胸的轻盈舒适的背心式内衣。**

也就是不会像功能型内衣那样约束着你，让你穿起来感觉很舒适，但不会让胸透出来的内衣。这是一种非常适合夏天的商品。在2009年，这是一个具有划时代意义的创意。但很遗憾的是，因为当时选择将另外的创意商品化，所以这种产品没能面世。尽管如此，它也成了一个获得顾客高评价、赢得顾客信赖的提案。

像这样，在笔记中添加符号，可以将当时的心情和感受保留下来，会对未来的自己在找灵感时有很大的帮助。非文字的部分不但能够轻松地记录下来，而且，还让人拥有了比阅读文字更加迅捷思考的机会。

还有，“○ ×”也是非常有用的符号。

“○”和“×”并不是分开使用，而是作为一个组合来使用。例如，

× 能让胸形更好看，因而受女性欢迎。

O 可以让胸部舒适，因而受女性欢迎。

像这样标注，比如上面这个例子中，把固定观念标上“×”，而在新发现旁标注了“O”，这是个非常好的符号使用方法。通过这样的符号，这个“并非因为能让胸形更好看，而是因为穿起来舒适才卖得好”的结论就显而易见了。

这样的“O ×”，在用于更正自己的固定观念时，效果尤为突出。

在自己有先入为主的固定观念的地方，提前做好“×”的标记，就可以防止自己再次犯同样的错误。即便在将来，人这种动物，还是容易采取与现在大致相同的思维方式，因此需要提前把错误更正。

而“☆”这个符号，就是用来标注“极为重要的地方”。这个与我们在“整合笔记”中介绍的标注“O”一样，都是表示“重点”的作用。但是，因为“☆”有着比“O”更为重要的意思，所以请在觉得最重要、绝对有必要标注的地方使用。

最后是“⇔”这个符号。这是指一样东西同另一样东西做比较的意思。例如“至今为止的方法⇔从今往后的方法”与“休闲娱乐是海派⇔山派”这样相互对立的、需要我们分别仔细思考的内容，我们就可以使用“⇔”来整理归类。

使用了符号，便能理出头绪

让我们来看看使用这些符号进行信息整理的范例。下面的笔记，是从在琦玉县越谷市参与开发“AEON Lake Town”购物中心时，我记录下的笔记中提取出来的重点部分。

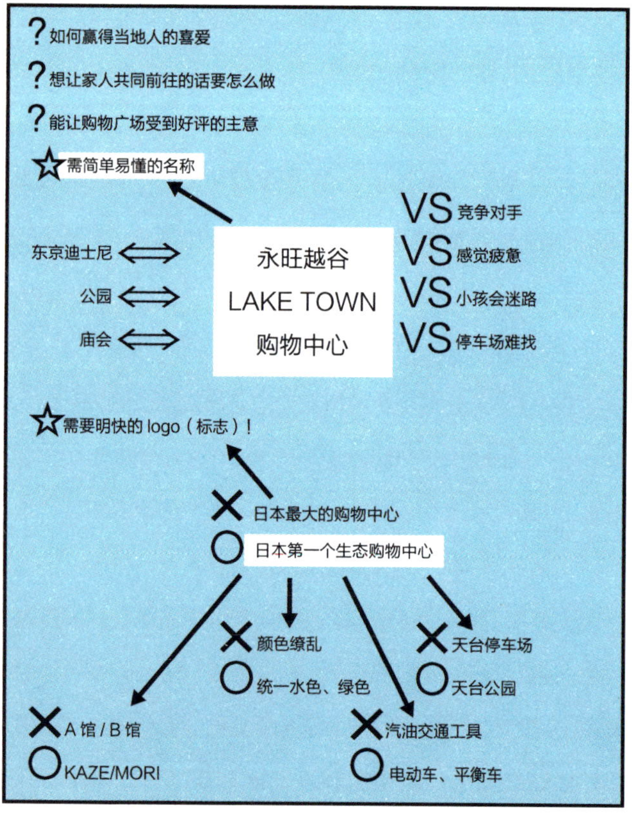

而我想让你注意的地方是，它用了五个符号进行信息整理，从而使得笔记简单易懂。即使只是粗略看上一眼，都可以知晓其中哪些是重点，哪里是需要思考的地方。

那么马上让我说明一下，我当时是如何记下这份笔记的吧。

首先，在笔记的正中间，一般要写上“需要思考的主题”。这时应该写上“永旺越谷 LAKE TOWN 购物中心”这个工程名称。而这样的名字若作为设施工程的名称的话，未免太长了一些。我这时就想到应该起一个容易懂又容易念的简称。于是，我就在其左上角标注一个“☆”。而这个“☆”就提醒了我之后起“永旺 LAKE TOWN”这个正式名称。

说来这个购物广场（以下简称 SC）在当时号称日本最大规模的 SC。但是考虑到当今时代仅仅宣传规模大并不够，**富有时代价值与追求创意也极为重要，**我便决定把主题由“日本最大的 SC”改为“日本第一个生态 SC”。为了通过对比记住这一重要的视点，我便同时使用了“○ ×”这组记号，然后，为了让“生态 SC”更加易于理解，各馆的名字也由“A 馆”“B 馆”改名为“KAZE”“MORI”。这里也使用了“○ ×”符号，其他的实现“生态 SC”的方案也使用了“○ ×”符号，通过与以往的“SC”的对比给人留下了深刻印象。

令人遗憾的是，右下角的“天台公园”这个方案没有能够实施，但其他标记了“○”的创意已经全部实现了。

然后是“VS”。越谷的周边还有数个 SC，因此先用“VS”记录下来这个。然而，真正的挑战是“顾客不来”，因而特别把对购物中心的不利之处用“VS”标记出来。这样就可以提前意识到“疲劳”“找不到路”等等顾客不愿意来购物中心的原由。这样，之后作为“VS 疲劳”的对策，我们在馆内放置了大量的座椅，让顾客不论何时何地都能够休息，于是顾客对购物中心的满意度也飞跃式上升。

然后把 SC 作为课题加上“？”的标记，并在借课题形式加深对项目认识的同时，使用“⇔”来与“公园”“东京迪士尼”进行对比，这样便产生了“旨在制作环保且有趣的设施”的意识。这个大纲就成了实际工作时的“战略方针”，所有方案也都在此基础上衍生出来。

“永旺 LAKE TOWN”开业之后的口碑一直很好，也因此在 2011 年国际 SC 协会世界大会上，第一次获得了“JSBC（可持续）建筑协会设计奖”最优秀奖。并在此之后经过多次拓展，成就人流如潮的今日景象。

那么，让我们看看在实际工作中符号该怎么使用，虽然看起来可能有点复杂的样子，但大家也只需要稍微坚持记“整合笔记”，这种程度的笔记人人都能做出来，因此请大可以放心。

当然，如果有人对这样细致烦琐的东西感到厌烦，那也没关系。

首先，请大家先照常地记笔记，然后在其中稍稍加入一些符号。仅是这样，都可以让笔记变得易读易理解。与之相反，不使用符号而大量使用词汇的笔记就会读起来晦涩难懂，令人觉得十分头痛。正因如此，我才会或多或少都希望你使用一些符号。

当然，大量使用符号也没有必要。需要用的时候，稍稍用一些，这样就可以让工作变得顺利许多。符号是整理信息、激发思考的重要手段。如果能熟练使用的话，那便能成为提升能力、强大内心的武器。

那么，下面就让我介绍另一个同样能制造“思考的机会”的强大武器吧。

整合笔记 4

对话框

对话框就是给未来的自己的指示书。
把自己在意的事情不断地写下来留给未来。

虽然这样说可能有点突兀，但笔记就像鱼和肉一样。

在前言中我提到过，笔记也会“腐烂”。在新鲜的时候，可以直接拿来用，但是长时间放在那里的话，也会“腐烂”而无法使用。

而且，笔记跟烹制鱼和肉一样，都需要事前准备。首先，往食材里撒盐和胡椒入味，烹饪的时候它就会变得更加美味。**同样的道理，笔记也需要一点点事前准备，就可以变成“美味的笔记”。**

到这里为止，我所介绍过的“整合笔记”的三个技巧，都是做笔记事前准备的技巧。也就是为了让将来的自己使用笔记时，能够感觉笔记“美味”的方法。

而从现在起，我将要介绍两个“整合笔记”中更为行之有效的笔记技巧。

用料理来打比方，它们就像“用事前准备好的食材，做出更好吃的料理而使用的‘配方’”一样的技巧。

第一个就是“对话框”。它是“配方”中最为简单的笔记技巧。

打个比方说，感觉就像爸爸妈妈不在家的时候留下“烤着吃吧”“添衣服哦”等便条来告诉你一样。“对话框”就是事先给未来的自己留下“这样想吧”“把这个解决了吧”等便条。

这个“对话框”的使用方法也很简单。只要稍微再看一下便条，把未来应该考虑的东西写下来就可以了。例如，

“从这里开始思考！”

“把这个和这个的关系通过电话再确认一下吧！”

“需要方法来解决这个问题。”

只要事先做这样的提示就可以了。很简单吧。

这样就会有效果。因为你以后看到便条时，就可以毫不犹豫地行动起来，以最快的速度提高工作效率。我想，这个“提示”可以用“符号”来标注，但为了能够“指示思考方式”，我感觉还是用简短的

语言来书写会更有效。

通过三个要点，留下“配方”

那么怎样写“对话框”呢？书写的要点只有三个：

1. 起点（从这里考虑吧！）

2. 确认点（弄清这里哦！）

3. 重点（扩展这里吧！）

当未来的自己思考“配方”时，有这三点就足够了。因为只需要在自己思考的内容中添加一句提示语就可以了。比如接下来的图所示。

一看到图，你就能够很容易地明白要做的事情。

例如这样的“对话框”。**即使标注在复杂的公司内部文件中，也可以使文件变成简单易懂的“指导书”。**

哪怕你只写下这三个要点中的一两个也好，或者即使只写下“从这开始”或“调查这个”这样的只言片语也行，只要写下简单的一两句话，你就可以帮助未来的自己创造思考契机，提高工作效率。

那好，重新考虑吧！
生产成本好高啊……
重新调整原料获取途径！
（起点：从这里考虑吧）
当地工厂
这个的成本为什么会这么高？
生产流水线
（确认点：弄清这里）
想出提高生产效率的方法！
（重点：扩展这里）

只言片语推动大范围的理解

再举一个对话框的例子吧。

下面的笔记是我在某次会议中写下的注意事项。

“不来也行”和“不来也行哟”。

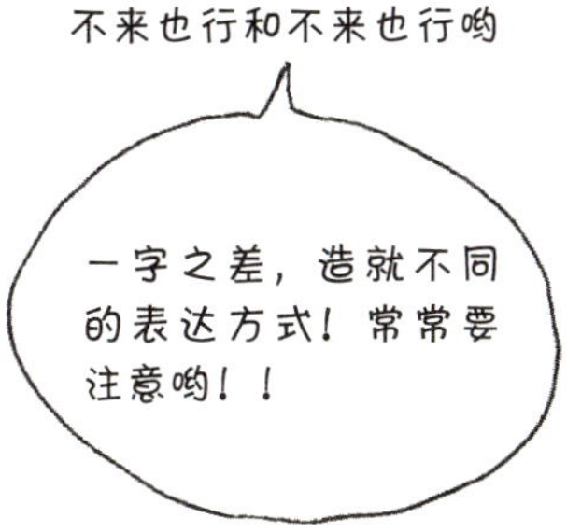

这份笔记看起来好像饶有诗意、意义深远的样子，可是到底想给未来的自己传递什么信息呢，不得而知。

所以，我在旁边用对话框把我想表达的意思写了出来。这样一来，可以一边记录自己“留心到的字词”，一边告诉未来的自己应该思考的内容。写这个对话框的时候，我想告诉未来的自己，现在我注意到了这样一件事情——

“‘不来也行’这句话给人一种强硬的感觉，但只要在最后加上一个‘哟’字，听者的心情就会发生变化，变得更加积极。因此

在写广告词的时候，我应该时刻意识到‘不来也行’和‘不来也行哟’这两种‘传达方式’的不同之处。”

像这样有对话框的话，对未来的自己的“指示”就会变得更加明确。因为当你看到对话框的瞬间，就能明白自己应该做什么，就能果断迅速地开始行动。

在必须同时考虑多个事情的时候，或是要在多个会议中做报告的时候，都需要迅速转换头脑，加快思考速度。像这样，如果有了对话框的话，从会议开始就能够立即转换思维，开始投入会议的思考中。这与懒洋洋地工作，在速度和质量上都有着重要的差异，无疑可以使你成为**“工作能干的人”。**

在这里，我再说一个对话框在工作中派上了用场的例子。

接下来有我撰写“黑土”广告时的笔记。当时我正在告诉团队一些国外也通用的创意方式，这份笔记就是那时的草写。左边的角上写着“商品”，右边写着“世界”“人生”。国外的 CM（商业广告词）多从右边的“人生”开始构思，日本的则多从左边的“商品”开始构思。虽然这两种方法各有优缺点，但我认为实际上真正的答案在这正中间重合的部分里。

在这份笔记中，通过极端的活动形成话题的 Red Bull（红牛）和苹果电脑的“Think Different”，李维斯牛仔裤的“Go Forth（向前闯）”

等，一边吸引全球性的伙伴，一边传达着“在人生和商品中寻找答案”的方法。

不过，这一组三角形在后来成了我的一个重要的笔记技巧，这就是我将在第二章要谈的“三角笔记”。实际上，我画完这个图以后，一直都没想起这个“三角笔记”。以至于几个月后，当我回过头来看时，已经不知道当时想要写什么了。然而，我注意到了旁边对话框中的内容，才发现：“这个可以用呢！”这个对话框中的内容就是图右边写的“构思常存于人生和商品之间，这幅图可以经常使用”。托这个“对话框”的福，这个三角形成了我工作中不可或缺的一部分。而且从那以后，不管是在工作中，还是各种各样的宣讲或书上，我都继续使用着。如果没有那个对话框，这本书可能也写不出来。

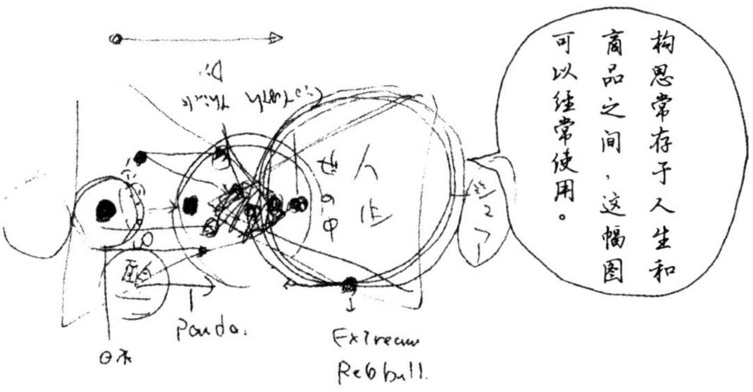

添加了对话框的笔记就是这样帮助我在事后意识到了问题。所以，希望你也能养成在笔记里添加一个“对话框”的习惯。

那么，接下来就说一说“整合笔记”中的最后一项技巧吧。那就是今后将不断普及的“电子笔记检索”。

ちょっとブレイク Column 2

小憩一下 Column 2

One note 的建议

——试着把笔记本统一起来吧

从“各种各样的笔记本”，到“一种笔记本”。

One note 技巧是让你只选择一种自己满意的笔记本。

为什么使用同一种笔记本会更好呢？这是因为，同样的形状，同样的大小的笔记本，能够更快更容易地养成习惯。就跟读同样的报纸，同一个时间点起床一个道理。

通过使用同一种笔记本，养成做笔记的习惯，动作也就跟着自然而然成了习惯。这一点是非常重要的。我们首先应该做的就是养成下意识地做笔记的习惯。

笔记本尽可能选择方便携带的，可选择不同的颜色，而且，最好是能够让拿在手上的人，看起来觉得比较光鲜亮丽的那种。

例如，我一直在使用的是叫作“Rollbahn”的笔记本。因为它不仅大小合适，方便使用，而且颜色也很丰富，用起来心情愉快。

我身边的人里也有使用“RHODIA（罗地亚）”或“Moleskine”的。另外，日本的老字号“LIFE”或“ツバメノート（家燕牌）”也不错。

我认为尽可能选择方便易拿，而且价格稍微高一点的更好。因为稍微贵一点的话，如果不使用就会觉得可惜，而且贵一点的东西拿在手上也会觉得高兴吧。不过，其实只要是你喜欢的东西，什么样的都可以。重要的是选择一种笔记本随身携带。

整合笔记 5

关键词

电子笔记检索

文字和图像都能轻松查阅。
像四次元口袋一样，随意拿出想要的笔记。

手写的笔记对信息的处理来说非常方便。而且，正如我即将在第二章的“创意笔记”中讲到的那样，手写笔记对激发创意来说也发挥着巨大的作用。

因为手写笔记无论何时何地都能立刻取出来，按照自己喜欢的方式书写，能用简单的方式提取信息，所以**不管是在提高工作效率方面，还是在激发创造力方面，都能带来很好的效果。**

为此，我总是随身携带自己固定的笔记本，把各种各样的事情记录在上面。而实际上，这样的生活方式，我已经坚持了二十多年，它帮助我在很多工作中取得了成果。

不过，除了手写笔记外，最近我也在使用电子笔记这种新方式。

这就是我要说的第五个笔记技巧**“电子笔记检索”。**

为了做“电子检索”，我使用了 Evernote（印象笔记）和 Google Drive（谷歌云端硬盘）这两个软件。这两个都可以用来记录笔记，而且都是很有名的电子服务软件。

我是在使用了很多的软件后，基于对使用的便捷性的重视，最终选择了这两个软件。除此之外，也还有很多各种各样的电子笔记本，它们都有各自的长处与短处，因此你可以多尝试使用一些后，再选择最适合自己的。

检索才是最大的优势

其实，促使我使用电子检索的最大理由是它的“检索”功能。

“检索”是纸质笔记本无法实现的功能。纸质笔记本虽然没有“检索”功能，却因此有了“邂逅”与“创造”的可能性。两者各有长短。正因如此，我认为如果能同时把电子笔记本和纸质笔记本都运用自如的话，那是最好不过了。

那么，接下来我来介绍一下我的“电子笔记本”的使用方法吧。

在使用电子笔记本时，起初最重要的是什么都不考虑，总之先把到手的信息与浮上心头的想法通通记录下来，然后把网上散落的素材与图片，以及可以成为创意的东西一股脑记到笔记本上。就像把它们放进哆啦 A 梦的四次元口袋里一样，全都往里面放就行。

然后，需要的时候，**一下子把需要的信息检索出来。**这感觉就像哆啦 A 梦把手伸进四次元口袋里，然后一把拿出想要的道具一样。

我在前面也提到了，对我来说，电子检索的有用之处，并非它作为电子工具的便利性，也不是它轻便易携带，可以轻松带走，而是它的“检索”功能。没有比它更可靠的“检索”工具了，它能轻而易举检索到需要的内容，而这一点手写笔记做不到。因此，我抱着与手写笔记不同的目的使用着它。

不过，使用这个“检索”的人如果没有熟练的技能，就会浪费好东西。同手写笔记一样，即使对信息做了记录，如果不使用的话，也就毫无意义。那么，如果想要熟练使用检索的话，必须要做些什么呢？事实上，这也是需要“未来笔记”的意识。也就是说，我们要在一边记笔记的时候，一边想象未来的自己正在看这份笔记。

实际操作其实很简单。只需要在做完笔记之后，**在电子笔记的“标题”上面多下一些功夫。你只需要用将来自己查询时可能会用的关键词，来对笔记进行标签分类就可以了。**

让电子笔记检索更加便捷的方法是什么？

接下来，让我们一边看着我实际使用的电子笔记，一边来进一步说明吧。

> **天王洲再开发方案　都市计划创意　重要　20130127**
>
> **整体印象开发方案**
>
> **从传播这个视角上进行设计的全岛整体印象开发方案。**
>
> **有两种设计类型与这个印象开发有关。**
> **第一是 MD 设计[1]。**
> **另一个是传播设计[2]。**
>
> **MD 设计是在城市整体造型基础上，为了如何将实际店铺设计得吸引消费者而进行的设计。可是，如果城市开发时只考虑到 MD 设计的话，城市最终无法生成具有自身魅力的故事，于是很容易被埋没在当今泛滥的再开发方案浪潮之中。**
> **传播设计则是在统一印象方案的指引下，通过开展集中的商业活动、环境活动、宣传活动，让全岛整体成为人们口口相传的话题，再通过杂志、SNS、PR（视频编辑软件）以及口传等方式设计出反映全岛整体印象的故事。做好细致的传播设计，就能打造令人耳目一新的城市。**

---

1. MD 是（Merchandising）的简称，一般是指企业基于消费者的需求将合适的商品以合适的价格、数量、合适的时机售卖给消费者的企业行为。属于市场营销的一环。
2. 即 Communication design，传播设计是工业设计或现代设计的重要组成部分。它是出于现代社会中人与人之间的意志、感情与信息的传递与交换的需要而出现的。是对以语言、音响、文字或图形等为媒介而实现的传递活动所进行的设计。

这份笔记，是我在思考东京天王洲地区再开发提案书时所写的电子笔记。你发现它标题上写了很多字，对吧？

“天王洲”“再开发”“方案”“都市计划”“创意”“重要”“20130127”。

如果是一般的笔记，只需要在标题处写上“天王洲再开发工程”就可以了吧。但这样就不能成为“未来笔记”了。为什么呢？因为未来的那个自己在想要参考这份“电子笔记”的时候，**不一定会想起“天王洲”“再开发”这些关键词。**

前面说了，“未来笔记”的要点有两个，其一，在未来自己什么都不记得的前提下，进行记录；其二，为将来能够找到这份笔记，提前做好准备。所以，对这份电子笔记，我们也要事先做好准备。

例如，我之所以要在这份笔记的标题处，加入那么多各种各样的文字表情，就是为了**万一将来自己抱着另一种心情再检索这篇笔记时，我能轻松找到它。**

标题中的“方案”“都市计划”“创意”“重要”“20130127”这些词都是我预测“将来自己检索时，可能会输入的关键词”而事先准备好的。尤其是“重要”“想法”这些词，我觉得在其他的工作中也会派上用场！于是，它们就成了我常用的标签。

就像这样，自己**事先决定好检索用的关键词，在重要的笔记里用这些事先定好的关键词进行标签分类，这样一来，你就有更多机**

会可以碰到各种各样的信息，想出重要创意的概率也就随之增加。

用极简单的词语来分类整理

当然，在我们平日的工作中，不同的工作项目都用了不同的关键词作为“标签”。可是，如果我们能够规定一些自己常用的“固定标签”的话，就能更迅速快捷地找到想要的相关信息。

- 总之在认为重要的笔记旁边写上“重要”。
- 在社会上流行的东西旁边写上“流行”。
- 在商业趋势信息旁写上“商业”。
- 在觉得不错的点子旁边写上“点子”。
- 在觉得可以称为书和杂志原稿素材的东西旁边写上“书”。

这些词语就是我一直以来使用的“固定标签”。由于有了这样的规定，自己觉得重要的东西就能立刻通过搜索找到，需要点子的时候，也能立刻就翻到相关的内容，使用起来十分便利。

这项操作中最重要的一点，是不要把“标签关键词”分得太细。如果分得太细，这些标签就会变得毫无用处。

曾经的我，因为过细的标签而遭遇过惨重的失败。

这个标签的名字是“ethical”，意思是“伦理的”“道德的”，现在作为时尚用语、环保用语或在fair-trade（公平贸易）等领域使用，我以前翻笔记时看到自己曾经写过的关于“ethical”的文章，觉得这个很重要，于是就把它制成电子笔记，只在标签上写上“ethical”。

在随后一次有关时尚的研讨会上，突然临时需要就“环保和时尚”的话题进行发言，我模模糊糊地想起了那份笔记。于是就当场开始搜索，可是不管怎么搜，那个“ethical”关键词就是找不出来。当时我还用了别的词来搜，但还是不见踪影。结果，这样匆匆忙忙几番折腾，时间就过去了，最终语无伦次地敷衍了过去。我还记得我当时涨红了脸，满头大汗的样子。

当我把“ethical”作为标签制作电子版笔记的时候，万万没有想到之后会发生这么丢脸的事情。我以为“ethical”是很常见的词，我肯定能记得住吧。

可是，结果我什么都没有想起来。

如果那个时候采用了“时尚”“流行”“重要”等词作为标签的话，肯定能够通过什么方法找到这份“关于‘ethical’的笔记”，在会议上就能畅所欲言了。从那之后，即便觉得有点麻烦，我还是养成了用几个“简单易懂”的词来进行标注的习惯。

所以，再也不会出现那样丢人的场面了。

就像这样，用来作为标签的词语要尽可能是“常用词”。即便起初自己觉得“反正这个词语很重要，就用它吧”，但如果是刚碰到的词语或者是独创的词，过一段时间后，被遗忘的可能性很高。我们所需要的，是将来重新翻笔记的时候，能够与这份笔记再会，**因此，常用词或者象征类别的词作为标签比较好，而且最好能够多放几个词在标签里。**

顺便说一句，在刚才我也谈到了，我会在重要的电子笔记中标注“重要”这个标签。当然，这样一来，带有“重要”这个标签的内容就会越来越多。通过这样标注标签，随着我翻阅“重要笔记”的频率增高，与“重要信息再会”的机会也越来越多，也就更有可能发现有趣的信息。

为了更加醒目，在笔记上添加“☆”

标注标签时最重要的，是“不要把标签分得太细”。开始标注标签后，人自然地就会想用具体的词汇来把标签标得更准确。如果觉得使用“主意”“重要”等标签范围太广，派不上用场，人们就会用自己喜欢的语言进行标注。这种情况，**可以在这个标签的头上标注一个“☆”。根据重要程度可以再增加“☆”。**在实际运用中，我也用这个“☆”进行标注。这样一来，重要的笔记就能够立刻被找到，使用起来会十分便利。

当然，最近电子笔记的搜索功能非常先进，不单是文章中的文字，就连图像中的文字也能够搜索出来。因此，即便是使用琐碎的词语，电子笔记也能够通过搜索帮你找到。不过，用“创意”“重要”“五角星”等标签分类，不仅让未来的搜索更加容易，而且**还能够看到标注了同样标签的内容，这样一来就更容易“与自己意料之外的想法再次相遇”了。这一点很有吸引力。**

像这样，如果你掌握了“电子笔记检索”，有趣的“再会”将多不胜数。这是一种非常刺激的体验，而且可以通过它为会议的话题或者下一个工作收集题材，在各种各样的场合中派上用场。

顺便说一声，本书“超级笔记”也是像这样，通过运用电子笔记的搜索功能写成的。几年前，我在记录各种各样的事情时，就想着什么时候要写一本书，于是便在自己的笔记上标注了“书”“笔记”“创意”“重要”等标签。后来的一切都是从这里开始的。

而且，实际在写这本书的时候，正是托这些标签的福，我得以与那些曾经的信息“再会”，于是才创作出了现在你所阅读的这本书。这本书中的大部分笔记和主意，都取材于我自己的笔记。这本书可以说是我通过实践“笔记整理术”，得到的真正成果。

到这里，我已经给大家介绍完了这五个“整合笔记”的技巧，大家感觉如何?

只要能够了解信息整理、思路整理的方法，你平日里的笔记就能变为派上大用场的东西。你能明白这一点，我将会非常高兴。

接下来我们就进入下一章。

这个“未来笔记”的真正本领——“创意笔记”。

第二章

创意笔记

用六种方法通过笔记激发创意，推动工作进程。

越是循规蹈矩的工作，越需要创意

最近，我经常可以听到人们谈论“创造力”这个话题。

不单是电影、电视、音乐节目等，就连生产厂家、银行、政府等的重要人物都异口同声说道“创造力十分必要”。有了史蒂夫·乔布斯这样的存在，看样子，将来“创造力”这个词会成为商业运作上的重要词汇。

不过，也有很多的人会质疑自己的工作中到底是否需要用到创造力。

另外，我想还有一些人会觉得“创造力”这个词不过是当下短暂流行一段时间，是一个很快就会被大众所遗忘的用片假名[1]写的英语单词罢了。跟现在的自己，以及将来的自己都没有关系。事实上，我也不时会从自己公司的员工身上听到这样的话。

然而，我认为“创造力”对接下来的时代，以及在这个时代中生活的所有人来说都非常重要。比如，让我们这样想想。

---

1. 日语是表音文字，有平假名和片假名之分。片假名通常用来书写外来语等。

- **无论任何工作，都肯定会在哪里产生一些困境。**
- **如果不解决这种困境，企业就无法运作。**
- **要解决困境，就需要有跟现有方法所不同的新解决方法。**
- **要找到新的方法就需要新的创意。**
- **也就是说，无论是什么工作，有创造性的想象力都非常重要。**

这样一解释，大家就明白为什么创造力对于所有人都很必要了吧。

而且，进一步说，将来的时代需求将会更加分散，各种各样的新技术也会应运而生，各个领域中“现有的方法”都将慢慢地无法适应变化了的时代要求。因此，创造新方法的“创造性思维”就变得越来越不可或缺。

然而，我们日本社会在这方面还非常“固执”。也正因如此，我们更要依托于靠谱方法之上的创造力。

在这里，我为大家介绍的就是这种“创意笔记”。

通过记笔记来激发创造力，这是一个前所未有的方法。其实，所有的人都能够轻松地想出好点子来。即便是一直觉得自己跟创造性工作无缘的人，也只需要实践一些简单的方法，不知不觉间就能拥有创造性的思维方式。

你需要做的只有一件事情。那就是记住这种笔记的使用方法。就这样简单，你就能在日常的工作中使用你的创造性思维了。

那么，到底要怎么做才能将这样的创造性思维掌握在自己手中呢？让我们立刻踏出第一步吧。

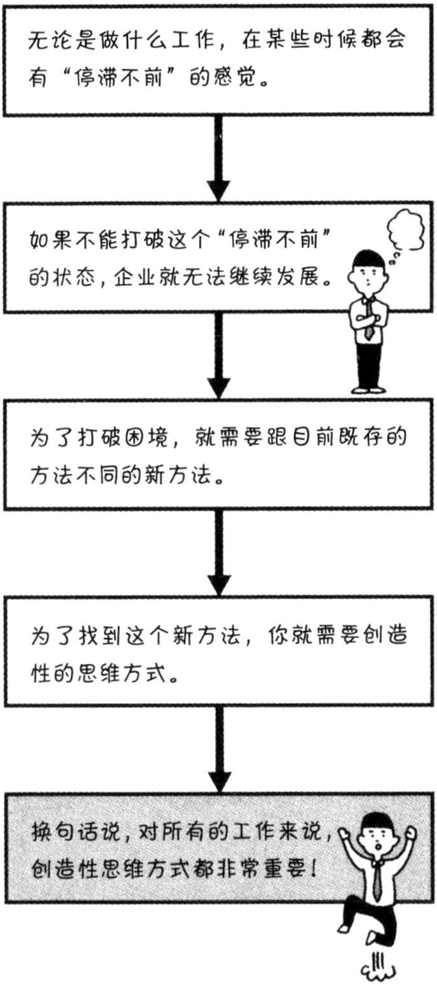

创意笔记 1

Handle（障碍）笔记

有一种笔记方式，无论是谁，无论是任何工作，只要使用了它，就能够更容易激发自己的创造力。

只要题目定下来之后，内容就非常容易写了，这一点，是写小说和做书籍的圈内人士的共识。

我在写这本书的时候也是这样。一直没有决定题目之前，写起来总是不顺畅，心中一直很苦闷。可在我确定了这本书的书名后，再写起来就顺畅了许多。

这是为什么呢？

因为确定了这个题目，就相当于有了“只要写笔记的强大功效就行了”这样一条准则。

有了准则，人就能更容易思考。比如说，告诉孩子们“你随便画一些漂亮的画出来”，孩子们可能会有一点摸不着头脑。但是如果你告诉他们“只用三种颜色来画出一些漂亮的画”，他们就会兴奋地眨眨眼，开始思考怎么画，最后交出让你惊喜的作品。

这是因为有了颜色的限制，就有了“用三种颜色怎么画呢？”这样一个难题，于是就有了面对难题开始思考的头绪，比起毫无限制的漫天思考，人反而更加容易思考问题，更加能够灵活地展开想象力。

对于人来说，果真是有了“handle”才更容易思考。

这样的道理，在商业领域中也通用。如果别人告诉你“随便你用什么方法，总之给我想出能够打破现状的主意来！”，这样你肯定会觉得毫无头绪，一筹莫展。而如果是我的话，多半烦恼三天三夜也想不出任何点子来。那些想装帅气的上司经常会气势汹汹地说：“随便什么都可以，没有限制，总之你给我想个有趣的点子出来，责任由我负！”我真不喜欢这样子的上司。没有比由“虚荣心”做出的指示更糟糕的了。（笑）

与之相反，从现在的课题和要件出发，限制思考的范围，在这个基础上做出指示，让部下“在这个狭窄的范围内思考”，这样的上司才是好上司。

我曾经从一个有名的生产商那里听到过这样的感叹。

“我们公司的社长啊，让我们把现在的成本缩减到三分之一，而且还要提高品质，打破现状！真是给我们出了一个天大的难题啊……”

乍一听，的确是一个天大的难题。可是，正因为有了这个难题，这个人所在的小组每天都就这个问题进行讨论，居然在几个月后，解决了这个“天大的难题”。

有了 handle，反而催生了要跨越这个障碍的目标，思考的方向明确后，思考起来也就容易了。而且，这个障碍越高，人们对实现这个目标越投入，越竭尽全力。

优秀的领导者之所以经常会提出这样“天大的难题”，也正是因为他们知道这样可以提升员工的工作能力。

就是像这样，才可以提升工作的效率，创造出思考最佳方案的思考准则的笔记，就是我们“创意笔记”中的一种——“ handle 笔记”。

“Handle 笔记”就是这样一种通过明确目标，创造出应该跨越的障碍，催生出思考的切入点的笔记。

Handle 笔记催生目的与契机

就像我之前所说的，想切实地提升创意的品质，就不要单纯自由地发挥，而是要设定一些障碍，把跨越这些障碍当作自己的准则。这种创造准则的方式，我把它叫作“思考准则化”。这个“思考准则化”，适用于所有的商业场景。而且有了“思考的准则”，任何人都可以更轻松、更有效地开展工作。创造这个准则的就是我们的“handle 笔记”。

你可能从来没有听说过，可以通过笔记来创造工作的障碍吧。不只如此，你可能连工作需要“思考的准则”这件事情都没有耳闻过。即便是有所耳闻，可能也只是在使用战略思维的商业顾问或者针对企业管理者提供讲座的讲师口中听到过吧。不过，那些人所说的内容大都难度系数过高，大部分在日常的工作中都无法使用。这样一来就没有任何意义。

我们不需要那种只针对特殊场景，以及只针对特殊人群的复杂逻辑。因此，我使用写广告词的手法，想出了这一套任何人都可以在平时的工作中使用的将“思考准则化”的方法。也就是说，这次我们介绍的“handle 笔记”是通过使用笔记本这样一种普通的技巧，创造出思考的准则，让创意更加轻松，让商业工作更加活性化的方法。

有了这种“handle 笔记”，我们的目的就会更加明确，也更容易跟团队以及客户共享目标蓝图，会议等进行起来也会更加顺畅。而且，跨越设定的“handle”将成为团队的一致目标，由此增加团队凝聚力。

关于这种给工作带来高效率的“handle 笔记”，让我举一个已经在实际生活中发生的事例，来为你进行进一步的详细说明。

比如说，帝国酒店有一个一直针对内部员工使用的“handle”。

“不愧是帝国酒店。”

这句话是不是极为简单？不过，在帝国酒店里，这句话就是所有从业人员的目标。他们必须时刻考虑到如何达到让客人说出“不愧是帝国酒店”的服务效果。

不光是接待客人的员工，包括餐厅的厨师、客房服务及洗衣部门的员工们，**大家都要思考如何可以从客人口中得到“不愧是帝国酒店”这样的评语，并以此为目标行动着。**

这也就是“handle 笔记”的力量——创造出思考的准则，敦促人行动。这区区一句简单的话，与帝国酒店能提供出那般令人惊讶的服务有着紧密的关系。哎呀，真是太了不起了。

“Handle 笔记”就是这样一种可以让你创造出一句能成为工作“handle”的话的笔记，从而让所有的工作活性化起来。“我觉得大家也都可以立刻这样行动起来……”要是我这样写，我感觉可能会有很多人生气地质疑：“那怎么办得到！”可是，请你不用担心。

其实有简单的秘诀可以来帮助你写“handle 笔记”。

三秒钟就能写成的 handle 笔记

那么，接下来让我教你一种三秒钟就能写出的 handle 笔记。你需要做的事情非常简单，只需要稍微改变记笔记的方式。比如说，我们有这样一个目标。

“创造针对三十岁左右的女性的新商品。”

这是经常会在工作中碰见的一种“目标”。可是，单纯就这样的话，你会很难找到思路，也不会像“不愧是帝国酒店”这句话一样促使人们立刻付诸行动。这是因为“创造……的新商品”并没有成为“思考的 handle”。

那么我们到底应该怎么做呢？

“这个真的是三十岁左右的女性会买的商品**吗？”**

这样一来不觉得思考变容易了吗？其实这就是“handle 笔记”，连三秒钟都用不了就能帮助你提升效果的魔法笔记整理术。

再进一步，你需要思考并写出“如何才能打败竞争对手，吸引更多客人”的商业策划书，在这种情况下，只需要变成**“这份真的**是可以打败竞争对手，吸引更多客人的商业策划书**吗？”**这个问题就好了。

之前举例的那个帝国酒店的目标，比如说是：

“提升帝国酒店的服务品质。”

那么就可以变成：“这个真的能够提升帝国酒店的服务品质吗？”

这样一来就能跟“不愧是帝国酒店”这句话一样，达到促使员工行动的目的，同时还催生了思考如何提升品质的契机。这样就完全有了“思考的 handle”。

重要的是“handle 化”。要“handle 化”，你需要做的事情很简单！只需要通过笔记来将你的商业目标进行一些调整。

“这个真的○○○吗？”

只需要这样做，你就有了思考的契机，有了创意所需的 handle。

很多人可能还是会怀疑这样过于简单。但事实就是这样，仅此而已。仅仅有了这个 handle，你思考的创意就会提升一个档次，会议的目的也会越发让人觉得简单易懂。最终，商业上发生的变化也是显而易见的。

原因自然就是目标得到了“handle 化”。

Handle 化之后，行动就更加容易

Handle 化，这个词你听起来肯定觉得很陌生吧？可是，这个确实是我在做广告企划书时经常会使用的词。

人们立志达成什么目标的时候，总是过多地思考各种各样的可能性，头脑混乱后，根本就无法行动，结果自然就无法做出正确的判断。无论思考怎样的点子，如果不知道课题，不知道该怎样去寻找突破点，就不会知道到底什么才是目标。这样一来，就不可能酝酿出什么好的创意。

因此，这个作为思考准则的“handle”是非常必要的。**它通过让你设定“应该超越的目标”，让你找到需要思考的方向，同时让你建立判断创意好坏的标准。**

请大家想想自己的工作。

比如说之前举出的“创造针对三十岁左右的女性的新商品”这个例子，单单是这句话你可能不知道应该怎样思考。但是如果稍微改变一下表达方式，“这个真的是三十岁左右的女性会买的商品吗？”这样一来，就有了容易思考的“课题”。于是还有了“这个能卖掉吗？”“这个卖不掉吧？”这样的判断性思考。而且还可以促使团队里所有人都能在同一水平上进行思考。

虽然只是在语言上有很小的变化，但是“目标”“handle化”后，不管是工作的品质，还是会议的速度，以及策划的趣味性都会较平时成倍地得到提升。

用口令来思考吧！

如我在前面所介绍的那样，有了“handle笔记”，就能够形成“口令”，商业的品质就能够得到提升。有了“handle”，在会议上提出任何主意的时候，大家心中都会问“这个真的能把○○○实现吗？”

大家都会站在同一个出发点想问题，进行发言，因为有了判断创意好坏的这个叫作“handle 笔记”的共同基准，会议的效率将会得到提升，工作的效率也自然会随之有飞跃式的提升。

这种“handle 笔记”，其实，它不但能够将工作“handle 化”，**而且还可以直接用来作为会议的标题，以及企划书的题目。**

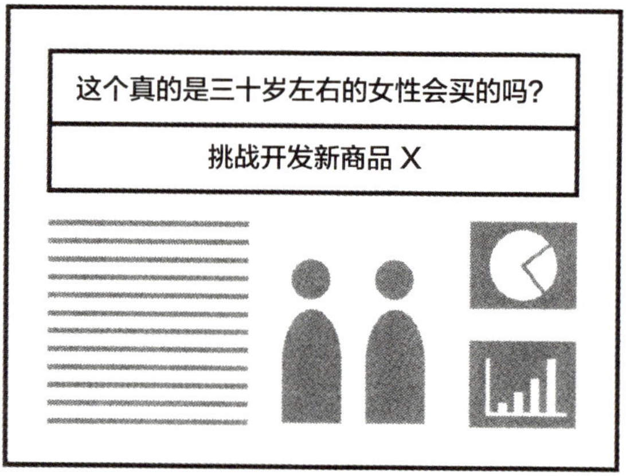

请看一下上面这份企划书。标题是不是看起来挺有魅力的？比起把那些司空见惯的文字拿来做排列组合，用 handle 化的句子来作为标题，不但能够让人一看就明白应该做的事情，而且还能够提升大家的干劲。最重要的是，能够吸引人们去进一步了解其中的内容。

几乎可以拿到NHK（日本放送协会）去拍电视剧了。（笑）就是这样，只需要把 handle 化的内容作为标题，就能够把你的企划书变为人人都想了解的香饽饽。

我在实际工作中经常使用这种“handle 笔记”。比如说，以前我在公司运营过一个叫作“东京女子 project”的网站。那个时候，我**提出了一个口号——“这样真的能够让女孩子幸福吗？”并为此没日没夜地拼命做企划书。**

这样一来，这个项目中的所有人，都在参加的会议上围绕着“这样真的能够让女孩子们幸福吗？”这个主题，积极发言，提出自己的想法。**也就是说，我们有了会议的口号。**于是，策划的精准度就立马得到了提升。

为什么会这样？首先，有了创意的 handle，我们的大脑思考起来就更容易。而且，大家都能够以跨越这个 handle 为目标进行积极思考，提出自己的想法。还因为有了“让女孩子幸福”这样一个“伟大的光荣使命”，参加项目的人情绪也高涨起来。

你看，**有了这样一个简单的“口号”，思考、会议讨论、选择、延伸等各个方面的水平都有了提升，效果真的令人吃惊。**

另外，这种“handle 笔记”，在给企业等提供创意方案时也能起作用。比如说，我在策划针对女孩子的最新生理期用内裤时就是这样。

新生理期用内裤的创意案。By 东京女子 project

与其用这个作为企划书的标题：

这个真的能够让女孩子幸福吗?

东京女子 project 发起的新生理期用内裤的创意

用这样一个题目，肯定比前面那个题目更能够吸引企业的兴趣，自己的干劲也能传达给对方。只是改变标题就能够提升企划书的效果，没有比这更好的了。只需要你写下“这样真的能〇〇〇吗？”，只需要这样，你的方案就能够魅力倍增。

一句话推动会议进程!

正如我在前面所说，“handle 笔记”是一种非常简单的笔记技巧，能够为你带来巨大的成效。其实不单如此，这种笔记技巧，你只要能够稍微掌握一点点，它就会在提升团队的士气上对你有所帮助。

在前面我举了例子，是说明通过把项目定义为“伟大的光荣使命”来激发参加的人的斗志的。其实就像这样，把团队的目标常常确定为“伟大的光荣使命”“宏伟的目标”等，可以提升整个团队的干劲。

比如说：

这个真的能够成为 NO.1（第一）人气商品吗?

这个真的能够帮助这家企业成为业界第一吗?

这个真的能够对日本未来的环境做出贡献吗?

这个真的能够让所有的孩子幸福吗?

这个真的能够对世界和平有所贡献吗?

怎么样？看到写有这样的目标的笔记之后，工作起来会不会更有干劲？实际上，无论做任何工作，我都会首先把大目标作为自己的“handle”笔记，然后一边看着这份笔记，一边工作。这样一来，事业就不会停留在狭小的视野里，而是可以通过更大更广的视野来思考创意。

就在我写这本书的现在这一刻，我也是正一边看着“这本书真的能够帮助日本的商业变好吗？”这份笔记，一边执笔书写着。这样一来，这本书就不单是我个人的作品，而是凝聚了各种能够帮助日本经济复兴的思想智慧的结晶。

像这样抱着“宏大的目标”进行工作的，不单我一个，我所遇见的大部分企业经营管理者都抱着这样的信念在实践着。

比如说，拉面店“博多一风堂”的创立者河原成美，他常常在会议上讲：“这样真的能够把日本料理的美妙之处传递给世界吗？”经营不动产情报网站“HOME'S”公司的井上高志社长在开会时也常常把“这样真的能够让世界和平吗？”这句话挂在嘴边。

正因为现在在世界上，人们对于企业的伟大理念还并不完全接受，那么从更加宏大的视野上，举出“让世界变得更加美好”的主题，在这个主题之下思考自己的创意，这对于商业的活性化有非常重要的意义。“Handle 笔记”对接下来的这个时代来说是一个极其有效的方式，它能够催生更加广阔的视野，能够提高对于时代的意识。

像这样，你只需要记住一种简简单单的笔记整理术，就能够发觉很多相当重要的东西。这个也是未来笔记的效果之一，而且也是“创意笔记”的力量。

你觉得“创意笔记”的第一种类型——“handle 笔记”怎么样?

通过简单的方法来创造出“handle”，将工作的目标明确了，创意将更加容易找到，想传达的东西也能更加容易地传达出去。这样的笔记，不光是在思考创意的时候，就是在会议进行当中，不也是非常派得上用场的吗？

接下来，让我们更深一步进入笔记的世界。催生创意的这种“创意笔记”，它的第二种类型是“漫画笔记”。

小憩一下 Column 3

一次会议十次记

——不会拼命过火的记笔记方法

“三天打鱼两天晒网”的人的特征，就是刚开始的时候拼命努力，从第三天开始就坚持不下去了。

之所以这样，我想恐怕是因为他们东想西想，这也想干，那也想干，结果最后反而怯于行动了。

做一件事情，要想坚持到底，最重要的就是让这件事情看起来简单可行。我们的目标是要负担少，效果大。记笔记也是同理。

老想着我什么都要记下来，我一定要记得非常好，反倒为记笔记增添了难度，不利于持续。

我所提出的这个“未来笔记法”，其中的关键就在于要坚持不懈地记。因为只有坚持记下去，才会为将来积累大量的信息，给工作带来巨大成果。

在这里，让我为大家介绍一个“不会拼命过火的”记笔记方法。

一次会议十次记。

这个方法就是把一次会议的内容，分成十次笔记来记。当然，你也可以根据你的需要，增多或减少，只是作为参考，我推荐十次左右。

一次会议，只记十次笔记。这样一来，记笔记就没有那么痛苦了吧？而且，决定只记十次后，你需要去选择记的内容，这样你就能集中注意力，会议的内容就能够更加轻松地进入你的脑海。

一次会议十次记，请你一定在下次的会议中实践一下。

创意笔记 2

漫画笔记

如果是重要的工作，那么就先从画漫画着手吧，
这样一来你的目标以及重要的想法，都可以一目了然。

在之前的介绍中，我已经说过，没有下功夫整理过的只有文字的笔记，只不过是一堆写有信息的组合而已。读起来费力、思考起来也找不到思路，总之就是不好打理。正因如此，我们才要在里面加上“○”“→”等符号，把它整理好，让它变成简单易懂的“有价值的笔记”。这就是“未来笔记”的第一种类型——“整合笔记”的技巧。

将这种“整合笔记”进一步提升，让它成为催生创意的土壤的，是“创意笔记”的第二种类型——“漫画笔记”。

大家都知道，比起整篇光是文字的笔记，加入了绘图和符号的笔记，能够更加简单地传递大量的信息，人们与笔记内容的共鸣程度也会提升。因为，漫画读起来会更加轻松，理解起来也会更加容易。“漫画笔记”是从“能不能将漫画的优点用在商业上”这个想法衍生出来的。它的目的就是通过活用插画和对白这样的漫画要素，更加流利，更加鲜明有力地传递信息，激发读者的想象力。

在第一章的“整合笔记”中，我说过，通过加入“对白”和“符号”，整合笔记就能成为更有临场感的信息。接下来我要介绍的这种**“漫画笔记”，则是通过追加插画和旁白，增加笔记中让人产生共鸣的点。简直再没有像“漫画笔记”这样，一边让你能够轻松愉快地享受记笔记的乐趣，一边激发创意的方法了。**

写下让大脑兴奋的笔记

在这里我们先转换一下话题。

我非常不擅长记人名。

因此，总是任意地给别人取一些跟他们名字相关的外号，来帮助自己记忆。这样一来，我就记住了大量的人名。据说，这是因为通过将人们的姓名与“外号”这种对大脑来说有趣的信息进行组合，我的大脑就对面容和名称的记忆变得更加主动了。

人的大脑很容易忘记那些理所当然的事情，对于新潮的事物、意外的发现以及奇异的东西却能够吸收记忆。就像你之所以会忘记昨天晚饭吃了什么，是因为对大脑来说，那些信息不过是一些无聊的日常琐事罢了。而且，大脑还有一个特点，就是容易遗忘独立的信息，却容易记住故事。也就是说，为了能够更加明确地容易地记住一些信息，我们与其认认真真地一个又一个地去记住它们，倒不如把它们编成特别的故事、变成有趣的信息来得更好。比如说：

乌龟、女高中生、邮票、卡拉OK、作业、五百日元、雨、便利店。

要想记住这些没有任何关联的词语，是一件费力的苦差。即便是这样一个一个地记住了，也肯定会忘。（笑）那么，如果我们这样做呢？

女高中生做完作业后去了卡拉OK。从卡拉OK回来的路上，下起了雨，女高中生就进

了便利店避雨，从装邮票的钱包中拿出了五百日元买了一把伞，居然抽奖抽中了一只乌龟。

这段话完全没有任何逻辑，它的情景却能浮现在你眼前，你的想象力得以膨胀，更跟你产生了更多共鸣，你的大脑被它激活了。

我通过这个故事一下子记住了这八个词语。大家也来试一试吧。你一定会因为发现居然可以这般轻松记忆而感到吃惊。

其中的理由就是，你的大脑很享受记忆的这个过程。你的大脑一旦兴奋，你的思考能力和你的记忆能力自然就会得以提升。

由此，我想到一个问题，那就是："我能不能将大脑兴奋的这个原理运用到笔记上面呢？"于是就找到了这个答案——"漫画笔记"，这种将大脑的兴奋原理运用到笔记当中的笔记整理术。

"漫画笔记"想要达到的效果，就是把那些让你痛苦不堪的信息进行组合，通过添加插图和对白的方式，使情景得以浮现在你的脑海中，使你能够通过想象力将它编成故事。而且，你的想象力还能够提升，你的思考会变得更加愉快，由此能够更加轻松地想出新的创意来。

用姓名和台词来记笔记

那么，接下来，就让我立刻为你介绍这种“漫画笔记”。

首先我们假定你参加了一个新商品开发的项目，现在正在就这个项目的广告创意征集参加项目的各个部门的意见。

- 技术部的意见：“希望广告能够体现三个新功能。”
- 设计部的意见：“又薄又圆的设计更受欢迎。”
- 营业部的意见：“总之想通过广告传达本产品新颖又便宜。”
- 上层的意见：“给人感觉强有力的广告！”

一般情况下，这些意见，像前面所写的一样，很可能就是这样通过文字罗列出来，而光是文字的话，本来就很容易让人一看就头晕，而且还容易感觉模棱两可。因为不知道各部门相互的立场，就很容易觉得这是一个非常困难的课题，这样一来，要想催生出新颖、有趣的创意就有点难了。于是，我们就像接下来这样画了四个人物画像并写上其所属的部门，然后还添上了台词。

能够同时综合这四个人的
意见的点子是？

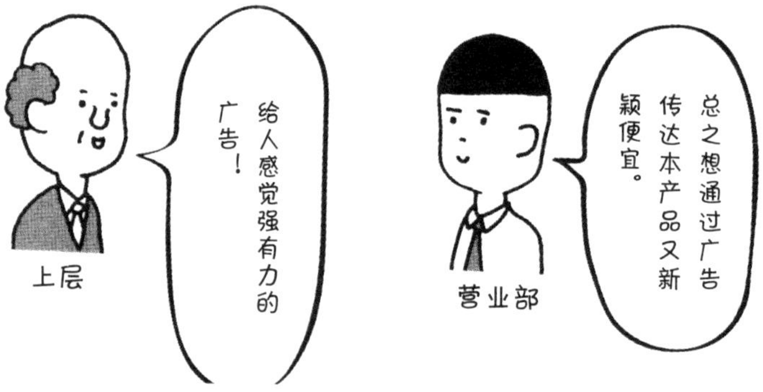

怎么样？只是简单地画了几个漫画头像而已，但整份笔记看起来就更加生动形象了，理解起来也更容易了，不是吗？

事实上，哪怕笔记中光有信息，你如果作为人物的台词记录下来的话，也会让人更加容易产生共鸣。因为有了插入的漫画，信息就被视觉化了，看起来更加容易，干巴巴、冷冰冰的意见一下子就有了情感，内容就更易于被读者所吸收了。

而且，最重要的是，边看这份漫画笔记，边思考：“什么样的点子才能同时综合这四个人的意见呢？”这样一来，原本复杂困难的课题，也变得有趣起来。这一点非常重要。而且，把人物的头像画成笑脸，还能够让自己以更加积极愉悦的心态进行思考。以上这些都是很小的动作，但是，这些动作创造的“小快乐”对大脑来说非常重要。

之前，我也说过了，大脑本来就喜欢思考和记忆愉快的事情。因此，**越是困难的事情，我们就越应该去寻找这件事情的有趣之处。**在本章的最开始处，我也写到了，那些按部就班的工作才更需要创造性思考，其原由也是这个道理。

正因如此，我们就要重视在平时的工作中，会议、文件中，下功夫去创造一些快乐的东西。这样，**我们就可以让我们的大脑感觉到快乐，于是自觉地努力地去记忆和思考。**

那些难读的文章，如果单独阅读文字，一点都进不了脑袋里去，但漫画书读起来十分顺畅，而且还能轻轻松松就记住其中的内容。其实也是一个道理。

所以，请大家务必实践一下在笔记中加入插图和台词的这种“漫画笔记”吧，效果定会让你惊喜不已。

“喂，喂，你让我按照你说的做，可是我根本不会画漫画什么的呀！”我想肯定有许多读者有这样的心声。

是啊，大家都不是漫画家。当然，也不是设计师或者插画师。要求非专业出身的大家去画画，的确是一件强人所难的事情。事实上，我曾经也一点都不擅长画画。因此，我非常能够理解大家的心情。

不过，没关系。首先，这里有一个任何人都能够画好的“棒棒人”。

只要一个“棒棒人”，就能够理出头绪！

哪怕是完全不会画画的人，也能够画出“棒棒人”。画法极其简单。你只需要使用圆圈和线条，如后面的图所示，把各自的特征稍微画出来就行了。我们所说的“漫画笔记”中，你只需要画出这个“棒棒人”，然后标上他的名字，写上他口中的台词就可以了。单单这样就可以把情况形象化，比起只有文字的时候，这样会更容易帮助大脑理清思路。必须理解的东西，理解起来也更加顺畅，创意之泉自然不断涌现。

比如说，有一个化妆品的新产品开发项目，让我们也使用这个“棒棒人”和台词来思考一下。首先，我们先选择目标群体，然后收集各自的意见。最初，我们只用文字来做笔记。

主妇：不能买太贵的，效果好的化妆品最好。

女大学生：想在朋友面前炫耀，不想跟大家一样。

OL（白领女性）：想炫耀自己拥有好东西，喜欢购买位居排行榜第一的商品。

因为我们的目标是要开发满足我们这三组客户群要求的化妆品，所以只写一些文字的话，即便我们明白文字的意思，但消费者到底是什么样的人？我们应该思考什么问题？这些我们依然会觉得模棱两可。

那么，在这里，我们就如接下来的图所示范，用“棒棒人”和台词来做一份漫画笔记。这样一来，是不是比光是文字的时候，目标看起来更加清晰啦？而且，什么类型的人说了什么，也能够清晰地明了，更容易清晰地发现目标客户群。想象这些客户群，想象他们会对什么样的商品会心一笑，这些都会更加容易。

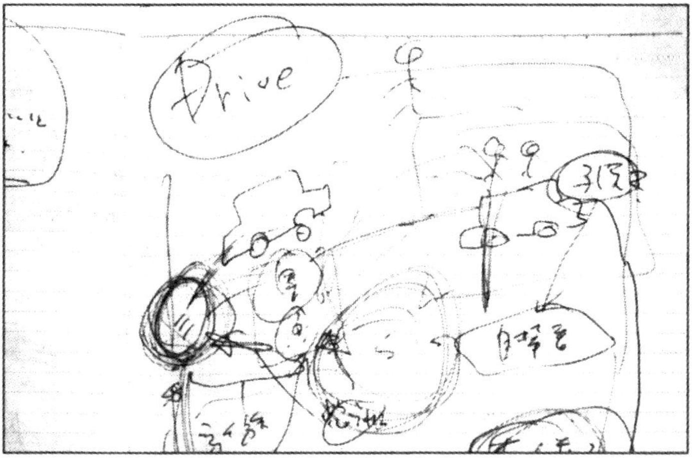

伊坂幸太郎先生的笔记（详细内容请见 212 页）

哪怕只是使用“棒棒人”这么简单的图画，都能够帮助“状态”和“立场”视觉化，更容易预测客户群，让思考创意也变得更加容易。

在第四章中介绍的作家伊坂幸太郎，他也是在写小说之前一定要像这样画出一些“棒棒人”一样的插画，把小说的登场人物、状况、设定等都安排好，然后整理出故事中发生的情节，筛选出应该写的内容。这样一来，故事就跃然纸上，什么时候需要什么样的台词，故事需要什么样的情节等，自然而然就涌入脑海了。

通过画漫画的方法，哪个人物发生了什么事情？人物采取了什么行动，其目的是什么？等等，作家思考起来就容易多了。

像这样通过画插图来帮助提升想象力，寻找答案的方法，当然不局限于小说创作，它可以活用在任何一种工作中。一边看插图，一边认真思考产品该定位在什么样的目标群体，这些目标群体有什么样的喜好，慢慢地就能找到自己真正想要的答案了。

任何工作都一样。比起光写文字，像这样通过画漫画的方式，会更有效果，让你更容易找到灵感。请试一试吧，效果一定会让你惊喜不已。

介绍任何人都可以画好插画的四个步骤

我想大家应该都感受到了“棒棒人”带来的效果，但肯定也有一些朋友想要画得更好。

接下来，我就为大家介绍一个方法，即便是像我这样不擅长画画的人，也能够画出来插图的方法。

实际上，我也是通过这个方法才学会了画插画。一旦掌握了就能够感受到其中的乐趣，让我简单地介绍一下吧。

④
①
③
②

① 用椭圆形和长方形画出脸和身体，然后在上面用线条画出手和脚。

② 在脸上画点。手和脚也画出来。画得不好也没关系！

③ 在该画头发的地方画线表示头发。之后再把不需要的线去掉。

④ 然后根据不同的表情，画出不同的嘴型。画圆圈表示吃惊的表情，画^表示愤怒的表情，高兴就画出笑脸。最后在身体上画上领带和衬衫。如果是女性的话，画成裙子就OK了。

按照我上面所说的步骤，这样一路画下来，你肯定会为自己画出的作品感到惊讶的，说不定甚至会怀疑自己是不是有天分呢。

当然，需要注意的是，如果在会议中画画的话，会导致意识散漫，除此之外，你思考什么问题的时候，如果一边画图一边思考的话，思考起来会更加容易。你不妨一试！

说到这里，我有时会听到一些人说“其实文字也能够达到这个效果”。当然，如果文字也能达到效果的话，那也没有问题。只是我认为，如果我们画成漫画形式的笔记的话，能够对目标群体的心情、问题、意识，攻略的要点，今后应该做的事情，等等，有更好的感觉。

漫画笔记，不单似一般的笔记那样有“信息”，它也是“信息+感情”的产物，所以它更能够催生创意。它正是创造性地解决某个难题最需要的笔记技巧。

漫画笔记撼动了世界!

那么接下来就给大家讲一个运用这种“漫画笔记”的手法让世人震惊的例子吧。这就是众所周知的“海波杯热潮”。

现在大家可能无法想象，就在几年前，谁都不会使用海波杯来喝酒。威士忌也被当作过时的酒类，无人问津。那时候，人们大概万万想不到现在会有这么多人在酒会上用海波杯喝酒。

这是因为有那么一群人，在时代的潮流中寻找机会，提出了“让年轻人喝威士忌”这样一个看似不靠谱的目标并发起挑战。这群人就是三得利的员工。

这个目标设定之后，他们做的第一件工作就是像“漫画笔记”一样创造出目标蓝图。

他们首先想象出海波杯热销的场景，然后创造出“年轻人在用海波杯干杯，愉快地聊天”的蓝图。然后为了实现这个蓝图，参加项目的所有人都积极贡献自己的想法和创意。

“在居酒屋聚会时，要喝得尽兴的话，还是用大啤酒杯喝比较好。”

“不用大啤酒杯，用海波杯吧。”

“把威士忌做成跟食物更搭配的酒。”

“加入柠檬的味道，让不擅长喝威士忌的人也能喝下去。”

“把跟瓶子的标签一样的黄色作为主题色，制作一个旗印。”

“开发一份搭配威士忌的菜单，让人们可以一边吃料理一边享用威士忌。”

原来如此，举行了这样的会议，然后逐条实现了上述想法，最终才促成了现在这样的威士忌热潮。

* 这幅漫画以及上述故事内容均以三得利和田龙夫的演讲稿为参考对象。

像这样，“把目标可视化”之后，任何人都能够更加轻松地把握要点，想出主意。大家也不妨在什么项目中尝试一下，如何？肯定会有让你意想不到的结果出现。

对画漫画感觉困难的人也不用担心，首先从简单的脸部绘图和台词着手。你思考创意时肯定能够感觉越来越快乐。

创意笔记 3

黑色三角笔记

从用户的不满开始寻找用户的需求。
这种笔记技巧，只要你知道了，就能帮助你做出更好的商品策划。

首先，请大家思考一下下面这句话的含意。

即便让你去设计桥梁，你也不能设计桥梁。

这句话是不是完全牛头不对马嘴？这是曾经的一位建筑师说的话，“那你到底想让我怎么做呢？”肯定有人会这样问。其实，这句话还有下文。那就是：

即便让你去设计桥梁，你也不能设计桥梁。

你必须去思考过桥这件事情。

你明白这句话的真正意思了吗？

对了，这句话的真正意思是，让设计师去考虑过桥的人的心情，然后思考“过桥这种行为”。也就是说，不是让你去设计奇特有趣、新颖的形状和颜色的桥梁，而是让你去考虑如何让所有人都能够怀着喜悦的心情去过桥。

过桥的人可以是各色各样的人。所以你就要想象到，小孩、老人、孕妇以及受伤的人等等，各种人过桥时候的样子，然后秉承让所有人都能够愉快地过桥的目标去设计。我是这样理解的。

这一点尤为关键。无论任何工作，首先都要想到使用者（客户）的心情，然后必须想出让这个使用者感到满意的方案。为了达到这个目标，我们需要去发掘客户的需求。

“需求”这个词，无论是在做新企划案还是拓展新事业，再或者是创建新公司时，都是一个对于商业运作非常重要的关键词，一个面对未来的未知情况时，所有人都应该时刻记在心中的主题。

说起来，“需求”也分为两类。一类是大家都熟知的“显性需求”，另一类是不为人所知，但是实际存在的“潜在需求”。

前者就像是“女性都疯狂地喜欢甜食”“出汗后就想喝啤酒”等等这样的需求。

而“潜在需求”就是“啊！啊！有了这个更好！”这样突然让人恍然大悟的需求。我把这种叫作“潜在需求”。实际上，这种需求在我们思考策划方案时尤其重要。

潜在需求，总是潜藏在深处。努力把它找出来的话，可以让使用者产生更强烈的共鸣，催生新的商业契机，带来更大的成功。

探寻潜在需求

让我们通过实际的商品企划案来思考一些这种“潜在需求”。

2014 年的秋天，我担当了一个“针对女性客户群体的时尚品牌”发布的新商品策划项目。这种功能性高保温系列的毛衣，无论是形状还是颜色都非常漂亮。不过，跟我们竞争的牌子中也有类似的形状和颜色。因为有相似的商品，所有我们这种产品很难成为销量惊人的热销品。可是，这种毛衣最后销量极好。理由就是它“不会起静电”的设计。

潜在需求 = 不起静电

保温性、风格、柔软度以及品质的优劣，大部分的商品都在这些方面具有优点。可是，这种毛衣使用了能够减轻静电反应的毛线，开发了“不起静电”的功能。然后，将这个信息准确地传递给了消费者。这样一来，仅此一家，有了**让消费者产生共鸣的价值，满足了消费者潜在需求的产品就这样得以诞生。**

然后，“不起静电”这个小小潜在需求的发现，为后来催生了巨大的商业机会。

发现了用户“真正想要”的“潜在需求”，你的东西才能让对方产生强烈的共鸣，让对方产生感动之情，你的东西自然而然便不愁销路。

这种思维方法当然不单适用于时尚领域，而且在其他任何商业领域都可以运用。发现“潜在需求”才能真正抓住客户的心。

那么接下来，让我来教授大家一种可以真正发现“潜在需求”的方法。

你会想这方法肯定很难吧？不，不，我这本书里，我可以保证所有的内容都能够让大家感觉简单易懂。接下来我给大家介绍的这个方法，也是任何人都可以轻而易举掌握的发现“潜在需求”的方法。

发现潜在需求的最强武器

接下来有两个三角形。这就是发现潜在需求的最强武器“三角笔记”。“三角笔记”是一种非常简单的，只需要你画两个三角形后添上笔记内容就可以的笔记技巧。

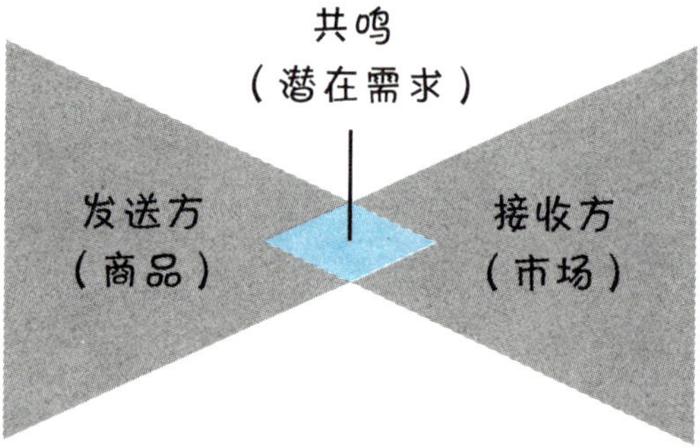

这种“三角笔记”我也把它叫作“共感三角形”，它是一种可以发掘信息，可以发现处于发送方和信息接收方双方正中心的共鸣之处的笔记技巧。

这个“共鸣之处”就是我们所说的**“潜在需求”的种子。**

也就是说，只需要使用这种“三角笔记”，你就能够发现潜在需求，就能够创造出让人们都产生共鸣的企划案。

那么，接下来我们就马上来使用这种三角笔记，做一个创意练习。

首先，我们画两个三角形。然后，把左边的三角形涂黑。（像接下来的图形一样。）

左边这个主要是信息发送者想传达的内容。比如说，商品的信息、服务的信息、企业的理念、制作方法、制作方法的讲究，以及同其他竞争对手之间的差异之处。

用先前所说过的毛衣来举例子的话，这里就该填上“柔软的材质”“颜色的多样性”“价格低廉”“流行的款式”“能够百搭”“考究的做工和原材料”，还有“降低静电”，等等。

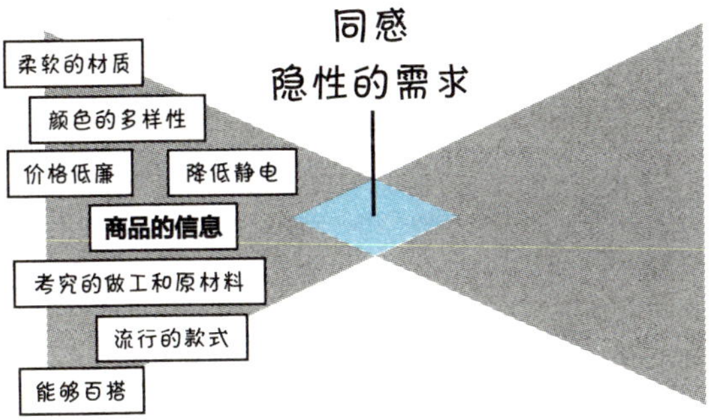

可是，光这样的话，你是没法找到共鸣和潜在需求的，于是我们就要在右侧的三角形里写上信息接收者（购买者）的想法。可光写用户的想法，也不会很容易就找到潜在需求。

那么，我们该怎么做呢？

在这里，我先告诉大家要点。这次“创意笔记”的名字叫作“黑色三角笔记”。其实，我所说的这种“三角笔记”可以分为黑色和白色两种。这次介绍的是黑色这一种，也就是说稍微有点“黑”的这一种。（笑）为什么用黑色呢？其实，是因为它是用来写“不满的地方”的三角形。也就是说，“三角笔记”是一种可以帮助你从不满之中找到真正的“潜在需求”的，具有跨时代意义的笔记技巧。

写出不满，就能发现新的想法

那么，让我接着为你讲解这种“三角笔记”。

首先，把左侧的三角形填好之后，紧接着就在**右侧的三角形里填上这个题目中那些用户常常感到“不满”的地方，**“那些让人头痛的事情”。（如接下来的图所示。）比如说，毛衣的例子，“很容易发黑”“不能用洗衣机清洗”“静电很麻烦”“容易起毛球”“容易变硬”“容易变色”“好毛衣价格高”等等，可以想到很多不满意的地方。把这些通通写下来。如果可以的话，把那些平时不被一般人所发现的不满的地方也写下来，当然是最好了。

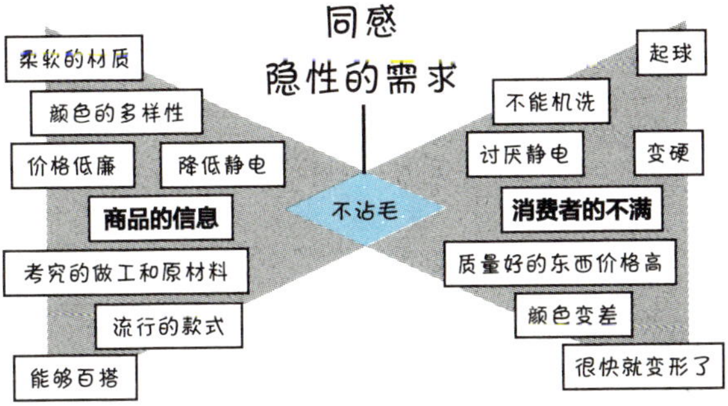

像这样把“对于毛衣的不满”集中在右侧的三角形中，然后这些**“不满”=“希望改善的地方”就成了客户的“潜在需求”。**

为了解决右边的“不满之处”而想出的办法，如果能从左边三角形中的商品信息中找出来的话，那么这就是能够**“应对潜在需求的办法”。**

通过这个办法，我们最终发现的就是“不起静电”这种潜在需求。实际上，这个例子跟我在序章中介绍的那种“晒不着T恤”是一样的道理，都是因为发现了客户潜在的需求，从而创造了热销商品。

作为T恤功能之一的“减少UV的功能”，被着重强调了出来，满足了讨厌被晒黑的女性的需求。正因为以此为卖点，才有了后来的火爆的人气。

像这样，有了能够解决人们不满的问题的创意后，商品自然能销出去。到目前为止，可能大部分人都是通过那些需要反复思考的各种理论学说，来进行潜在需求的发掘，但是现在有了这种“黑色三角笔记”之后，任何人都能高效地发现客户的潜在需求。

“潜在需求”是发掘还没有被市场所知晓的需求，因此发掘了这种需求肯定能够给市场带来震动。正因如此，在新商品、新服务、新店铺、新的推广活动等等需要全新的思维的情况下，这是一种必需的思考方式。也就是说，这种“黑色三角笔记”可以适用于几乎所有的企业新着手的项目。比如说要开发新家电时该怎么办?

- 关闭空调后会有奇怪的味道。
- 房间里面放置的东西过多的话，就无法使用机器人清洁器。
- 总是找不到电视机的遥控器。
- 厕所盖使用起来总是不如自己希望的那样顺利。
- 冰箱里的很多东西都过期了。
- 手持智能手机看视频的话会觉得手腕累。
- 明明是全自动洗衣机，但必须得动手将衣物装进去。

首先，尽可能多地把这些一说就能引起共鸣的不满之处写下来。然后，一边看右侧三角形中的内容，一边把当前技术下能够做出来的事情写在左侧的三角形中。

随后，在这之间添上“家电创意”这个大标题。这下，我们就有了能满足“潜在需求”的方法了。比如说：

- 拔了电源后就会发出香味的空调。
- 能够提示主人食物保质期的冰箱。
- 能够固定在墙上或者是柱子上的智能手机。
- 主人呼唤一声就能自动应答的遥控器。

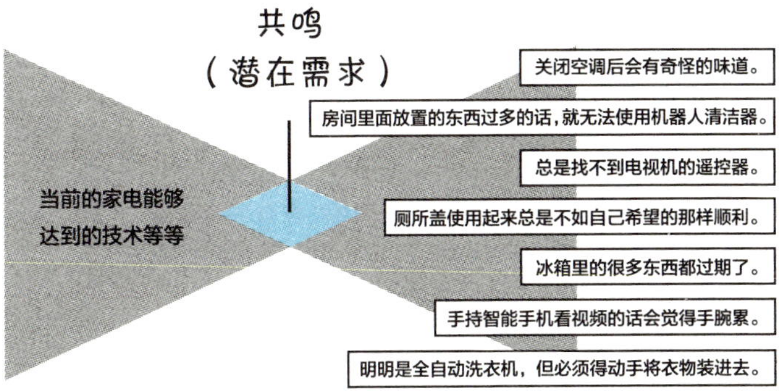

怎么样？如果有这样的家电，你会不会想要？

像这样，如果能够使用“黑色三角笔记”将潜在需求发掘出来的话，你就能接连不断地在企划案的创造上想出有趣的点子。“潜在需求”就是要消除人们心中的不满，催生出新的生活之源。表面看起来好像要找到这种“潜在需求”很困难，但仔细一想，你会发现，其实这种“潜在需求”就在自己的身旁。

接下来，我们介绍另一个方法，使用同样的两个三角形，催生更多的创意。这就是**“白色三角笔记”。**

创意笔记 4

白色三角笔记

一个小时找到一百个点子！
让所有人都能够变得更有创造力的专业技巧。

创意，既不需要特殊才能，也不需要卓越品位，而是有公式可言。

那些创意之泉不断喷涌的人都在不知不觉中使用着这个公式。因此，只要记住了这个公式，你就能够迅速地找到有创意的点子。

之前我们介绍的“黑色三角笔记”是从“不满”中探求“潜在需求”的公式。它是特别针对新产品和服务有明显作用的一种“创意笔记”技巧。因此，请大家运用这个公式来试着找寻属于你自己的创意点子吧。

接下来，让我为你们介绍“白色三角笔记”。这种笔记与使用“不满”来探究“潜在需求”的“黑色三角笔记”不同，它是从目标群体的“喜好”出发，来探究目标群体的“潜在需求”，催生当今时代所能接受的创意点子的一种笔记技巧。特别适用于广告宣传、促销活动、PR 内容制定等等需要吸引人眼球的“素材”的时候。

而且这个笔记技巧因为能够发掘目标群体“当下的喜好”，因此催生适应当今时代需求的内容，也是一个高效能的笔记整理术。

我重申一遍我认为重要的观点。创意才能不是特殊人群天生就自带的才能。在序章中，我已经讲过，詹姆斯·韦伯·扬的著作中写道：“创意是既存要素的重新组合而已。”我完全赞同他的观点。也就是说，创意不是让你从零开始创造出某样东西，而是需要你通过组合某些东西而得到新的东西。如果是这样的话，我们把世上的某两样东西组合在一起的话，新的创意就能迸发。那么，如果我们能够创造出一个“公式”让组合这件事情变得更容易的话，任何人都可以拥有创造的能力，对吧？

于是，我就想到了我之前也简单提到过的这种“三角笔记”。无论是黑色三角笔记，还是白色三角笔记，都是能够让你简单地找到创意灵感的“公式”。

先想出大量的点子，然后从中选取好点子就行

虽说用了公式，让找灵感或者想点子更为容易了，但是仍然会有困难。这就是说，简简单单凭着直觉把某两样东西组合起来的话，能够得到好点子的可能性非常小。

那么，应该怎么办呢？实际上你所需要做的就是多思考，想出更多的点子，然后从中选出好点子而已。在重复这个过程之中，创造好点子的经验就不知不觉地积累起来，发现好点子的精度也就自然得到提升。

我的工作就是广告制作。也就是说，我是发掘创意的专业人士。所谓广告专业人士，就需要“常年持续不断地创造好的点子”。如果哪个广告专业人士突然说“啊，我这次没灵感搞不定”，那么他作为专业人士的职业生涯也就由此画上句号。专业人士不能这样。不，其实应该说，专业人士都是为了不出现这种情况而拼命努力着。

专业人士们每一天一边磨炼着专业所需的技能，一边上百遍上千遍地重复着激发创意，筛选创意，再激发创意的这个过程。这个过程需要一遍又一遍地重复并勤勤恳恳地劳作。

那么，读者朋友你们的工作呢？虽然在阅读这本书的读者之中，我想肯定有像我这样专业做广告和设计出身的人，但是绝大部分的

读者朋友肯定并不是从事这方面的工作。也就是说这些读者朋友也是某方面的专业人士，但是并不是需要专业进行创意工作的人士。那么我如果让大家“总之，先试着连续想出几百个几千个点子”的话，对大家来说就会是一件非常困难的事情。

可是，大家还是希望能找到好的点子，拥有好的创意，对不对？

那么就只有一个办法，就是按照我之前所说的，先想出大量的点子，然后从中选取好的点子。除此之外，别无他法。

不过，我转念再一想。不呀，如果我找到一种能够让人轻而易举就想出几百个点子的方法不就行了吗？然后大家再从这几百个点子中找出自己觉得好的点子，这样不是人人都可拥能有好的创意了吗？这样一来不就可以找到一个寻找好点子的公式了吗？这就是我最初灵感的来源。

一个小时想出一百个点子

那么接下来我就给大家介绍我想出来的这个公式——“白色三角笔记”。

这个笔记技巧，也叫作“居酒屋混搭”。这个名称的由来，是大家去居酒屋时，随手将身旁的纸巾拿起来，撕成小条，在上面写上文字，然后组合起来的一个游戏。

“白色三角笔记”就是从居酒屋中的小游戏演变而来的简单笔记技巧。而且你如果习惯之后，它可以帮助你一个小时催生上百个点子。并且你一旦记住之后会很难忘记，还能够很容易地向他人解释说明。

那么就让我马上来向你介绍“白色三角笔记”吧。

首先要做的是设定需要解决的“课题”。

平日在工作中，我们也会设定各种课题，比如说“把新商品卖给四十几岁女性的方案”或者“吸引孩子们到店铺来的方案”等等。所有这些课题都可以使用我所说的这个“白色三角笔记”。也就是说，任何课题都通用！

于是这次我就选择了自己最喜欢的“澡堂”这个主题，并将课题定为“吸引年轻女性进入澡堂的方案”。好，接下来我们就开始使用“白色三角笔记”。

白色三角备忘录

（为吸引年轻女性使用公共澡堂的构思方案）

（1）请在左边的三角形里把与题目有关的信息写出来。

写下在公共澡堂里可以拥有的东西，可以体验的事情，那里的人、技术、各种名称以及令人开心的事情。可以的话，加上别人想不出来的东西，总而言之，请尽量多写。

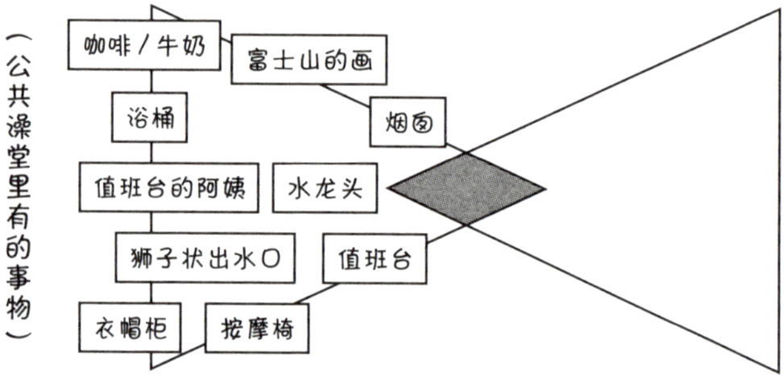

（2）然后，在右边的三角形里，把目标对象喜欢的东西全部列出来。

这个时候，把在（1）里写的信息全部忘了。不考虑那些商品或者场所等没有太大意义的内容，只考虑目标对象喜欢的东西，然后把这些东西通通写下来。

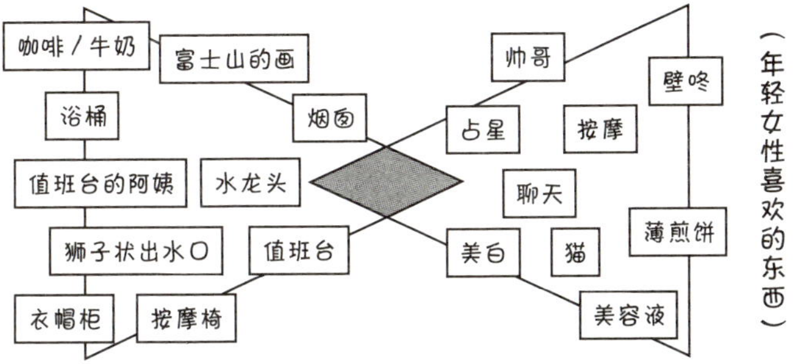

（3）好的，再把（1）与（2）结合起来，写出有趣的句子吧。

把这些组合起来后看起来很奇怪的东西，感觉很有趣的东西全部写出来。即使实现的可能性很小，那也没关系。总而言之，关键就是尽可能地多写。

接下来的进行方式很简单！

像所讲的这样，按（1）（2）的顺序填三角形，通过这种方式，就能产生有趣的构思。

然后通过（3），把接下来的文字组合起来。

①浴桶薄煎饼

②猫咪值班台

③美容液水龙头

④在富士山的墙上壁咚

⑤温泉旅行携带式衣帽柜

⑥帅哥烟囱

⑦狮子状的占卜出水口

⑧咖啡牛奶美白

⑨聊天按摩椅

⑩值班台阿姨按摩

瞧，只用了几分钟，十个点子就诞生了。

虽然奇葩的点子占了大多数，但这一排排点子都让人会心一笑，如果利用得好的话，还有可能成为诱人眼球的推广宣传活动。

在这里值得一提的是，**这些点子都是一些你如果只是一板一眼地思考的话，绝对找不到的点子。**你用循规蹈矩的方法，皱着眉头的话，是绝对想不出这些有趣的点子的。

还有一点重要的内容是，**你需要想出大量的点子。**想出大量的点子后，你才开始从这些点子中找“哪些是可以实现的？哪些是无法实现的？”。如果一开始就把自己框死在“可能实现”的范围内的话，你就只能找到一些浓缩过的千篇一律的点子。

正因如此，**你需要先思考各种各样有趣的点子，然后在其中选出那些能够实现的。**这样一来，比起你冥思苦想的点子，一来肯定有趣得多，二来可能更加花样百出。

你将以上过程多次重复后，就能够提炼点子的精准度，找到真正让人耳目一新又大加赞赏的点子。这种“白色三角笔记”就是将这一过程“公式化”的一个笔记整理技巧。其实这个技巧与专业人士的技巧如出一辙。

在不偏离主题的前提下，加入当下的流行元素

这种“白色三角笔记”的另一个好处，就是无论多么“漫无边际”的想法，你都不会让它脱离主题。这次的情况也是一样，我们通过将“澡堂中的东西”，以及“在澡堂中能够做的事情”进行组合后，想出了很多点子。即便这些点子多么滑稽可笑，多么不着边际，最终也都成了“吸引年轻女性进入澡堂”的点子。这一点至关重要。

思考创意的时候比较困难的一点，就是创意本身容易脱离主题。左思右想之后，不知不觉追寻着新鲜的有趣的东西去了，却忘了自己最初的目的和课题。这一点我也是从长年的工作经验中才发现的，很多时候我们觉得有趣的想法，却发觉偏离了主题。

可是，利用这种“白色三角笔记”就不会出现这种情况。不管是想出如何不着边际的想法，它都是从“为达到目的而建立的结构框架”中产生的。

而且，思考的起点本就是“为了吸引客户群的兴趣”，因此便能比想象中更为简单地找到吸引客户群的兴趣。这简直可以说是一种具有跨时代意义的创意开发术。像这样，**着眼于目标以及客户群的兴趣这两方面，通过组合来思考出大量的点子，再从中选出好东西。**这种专业人士才有的思维方式演变为公式之后，就是我在这里介绍的“白色三角笔记”。

接下来，我们用这种“白色三角笔记”再想一个别的创意点子。

题目是“吸引人光临杂货店的推广活动”。

“吸引人气”这样的主题，可以在餐饮业、服务业、零售业等所有行业的店面中使用，所以你掌握之后，请一定要加以实践。

不过，如果从“店面”上考虑的话，范围太广了，于是，在这里我们就特地选择了“杂货店”这个范围。目标则定位于“二十几岁的女性”。

我们的题目和目标都定下来了，那么就让我们立即使用这种“白色三角笔记”吧。

白色三角笔记

吸引二十几岁的女性进入杂货店的构思方案

（1）左边的这个三角形中写着杂货店里经常摆放的商品、物品，可以拥有的体验以及在杂货店里的人等等。

给自己十分钟左右的时间，尽可能地写下你所能想到的事物。

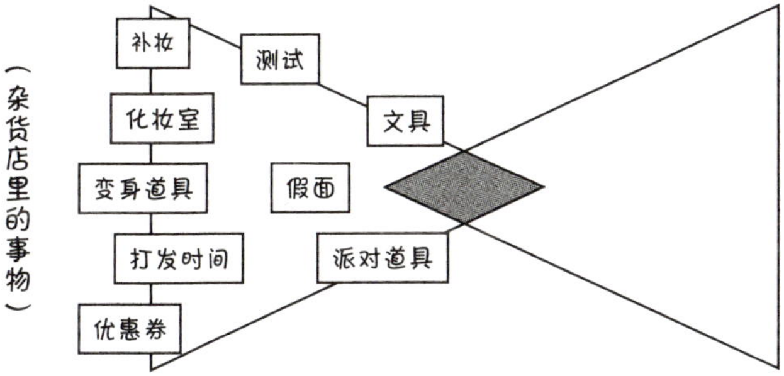

（2）接下来，在右侧列举出你的目标群体喜欢的东西。这个也是，在给自己规定的时间里，尽可能地列举出来。

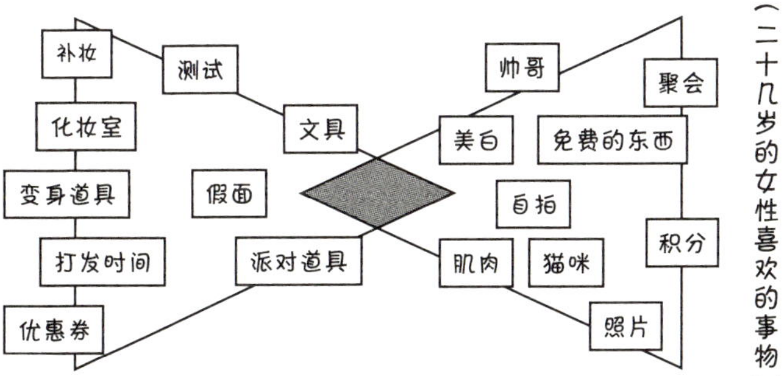

（3）把两者结合起来，创造出各种词汇。

那么，将左右两边的词连接起来。

①帅哥化妆室

②猫咪文具

③聚会前补妆

④打发时间的积分

⑤自拍优惠券

⑥免费的派对道具

⑦肌肉测试

⑧补妆积分

⑨变身照片

⑩美白面膜

这个例子也是一瞬间就想出了十个点子。这些虽然还没有成型，但都是有趣的想法对不对？

比如说这个“帅哥化妆室”给人感觉肯定马上能就吸引一大拨人，还有这个“猫咪印花文具”感觉马上就可以卖出去。“聚会前补妆”

的话，我们还可以免费给她们提供补妆的地方。

而且，如果引入“打发时间的积分”这些功能，还能成为口口相传的话题，人们多半就会到杂货店里来打发时间了。

还有这个“自拍优惠券”，这是利用现在流行的自拍，来制作属于自己的优惠券。实际上这个点子，已经在实行了。

“SMILE-ATM”

这个点子在国内数十家店铺和购物广场中已经实施了。你把脸正对一个特殊的照相屏幕，照下来的相片将会被直接制成个性化的优惠券。同时，还增加了能在智能手机等设备上进行制作的功能，而且还可以根据你笑脸的“优劣”，自动改变优惠券的面额。

优惠券的表面设计跟真的钞票如出一辙，直接勾起人们想拍照上传的欲望。

这个“SMILE ATM”推行后，已经得到了很多消费者的好评，大家都觉得它非常有趣，通过SNS扩散后，这个“SMILE ATM”对吸引顾客来店以及企业的PR都做出了很大的贡献。

想这个点子时，我使用了“白色三角笔记”这个方法。从组合到创意的实现，真的可以吸引客户的眼球。这就是一个成功的例证。

发掘创意是一件快乐的事情，而不是痛苦的事情

这样一来，寻找创意这件事情可以很容易就办到。当然，还需要创造各种各样的条件，让这个想法更有趣，从而最终成型。它肯定可以找到非常多的创意雏形，这一点毋庸置疑。平日里一直为找不到点子而困惑不已的人，请你们一定要使用一下这种“白色三角笔记”。

使用了这种“白色三角笔记”后，你就会发现寻找创意是一件十分有趣的事情。其实，寻找创意本就应该有趣。而非摆着一张臭脸烦恼不已，也找不到好的点子。思考，虽然是一件痛苦的事情，但其实也是一件有趣的事情。有了这样的态度和想法，你才能突破局限，找到真正有价值的东西。可能有人看到这里会觉得我的态度有些“玩世不恭”，但我认为以一种快乐的心态来构思创意的话，这种愉快又具有创造性的氛围能给自己、团队以及企业本身都带来良好的转变。

到现在，我们就已经介绍完毕使用三角笔记的这两种笔记技巧了。“黑色三角笔记”和“白色三角笔记”，它们都能够让你一边享受着创造的乐趣，一边找到很棒的点子。它们是能够创造出未来的笔记技巧，是“未来笔记”的精髓之处。你只要能够将其中一种

掌握，让它成为你自己的东西，我就会为你感到非常高兴。

那么，接下来我们就进入下一种“创意笔记”的学习中。

接下来这一种是通过“关联”来催生创意的“关联笔记”。

创意笔记 5

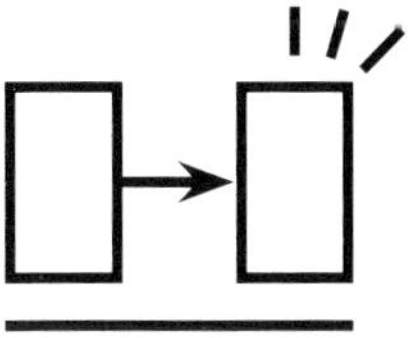

关联笔记

关联起来，就能找到答案！
这个笔记技巧可以在百思不得其解之时，助你一臂之力。

越思考，各种信息就越乱作一团，越搞不明白。

找不准课题，于是一直无法决定思考的方向。

虽然有一贯使用的方法，但是不知道到底是否该用。

工作中，我们经常会遇到感到混乱的情况。无论是多么熟练的老手，多么干练优秀的人才，都会在处理初次碰到的工作或是困难的工作时遇到混乱的局面。

要解决这种混乱的局面，我接下来的这种“关联笔记”可以立即改善你的状况。在第一章中提到的“箭头笔记”也是一种可以帮你在混乱中找到秩序的笔记。这种关联笔记就是它的扩展版，让你能够在创建秩序之后，找到其中的“答案”。

顺便一提，我也会经常陷入混乱的局面之中。因为我有专业素养，所以即便是处于混乱的局面之中，我也会装出一副若无其事的样子来，但其实很多时候我都在为如何应对混乱的局面而烦恼。

比如说，商品的信息过多，我无法完全吸收的时候，身处的环境过于复杂我无法理解的时候，或是各种意见相持不下，我无法做出决定该优先处理哪一个的时候，我就会感到处于混乱不堪的状况当中。

这个时候我常常使用的就是“关联笔记”。

移动的途中，会谈的间隙，这些稍微有些空闲的时间点上，我就会用“→”将浮现在脑海中的事物串联起来。这样一来，不知不觉间，就找到了解决问题的方向。

而且，不时还会发现意外的收获，脑子里灵光闪现，不停地浮现出各种点子。总之，这个办法对“脑子思路不清”或者“迟迟找不出答案”的人来说效果显著。所以，请你务必一试。

我想肯定很多读者会持有疑问，怀疑这种方法是否真的有效，是否能够让脑子思路清楚。那接下来就让我们通过实际的项目案例来边看边说吧。

不明白的时候，首先“连接起来”

在这里介绍的是我在 2015 年春天接手的一个叫作“九十九岛的观光活性化”项目，当时我为这个项目伤透了脑筋。

九十九岛位于长崎县佐世保附近，由二百零八个美丽的小岛组成，四周被大海环绕。离长崎县的豪斯登堡主题公园[1]也不远，这里还分布着很多国家公园，那美丽的景色任何人看到之后都会感到震惊……然而，非常可惜的是，九十九岛并不为人所知。大部分的人都会把它的名字读错，由此可见它是多么名不见经传。

于是，当地的人和外部的志愿者组成了一个团队，共同着手推动当地观光事业发展的项目。这个项目开始一阵后我才加入其中。当时我不了解课题和大家的目标，因此一直不知道该做些什么。那时候，对目标模糊不清的我，试着写了下面这份“关联笔记”。

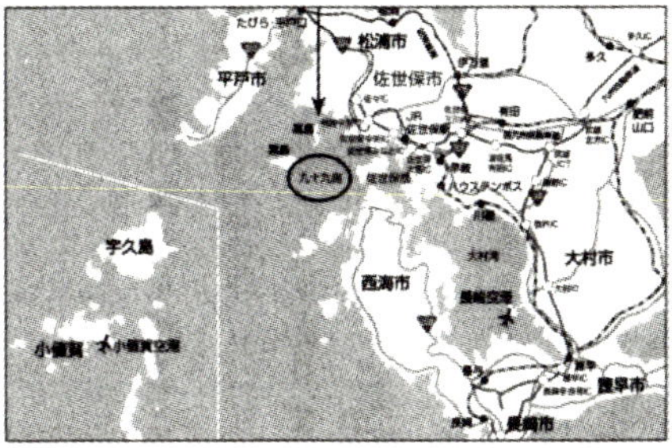

1. 一座以最新科技构建的有水、绿荫、鲜花与风车等 17 世纪荷兰街景的亚洲最大的休闲度假主题乐园。位于日本长崎县佐世保。

为什么人们不去九十九岛呢？

↓

那里既有著名的豪斯登堡主题公园又有佐世保市。有夕阳，有岛屿，有美食，还有进入世界遗产名录的教堂。

↓

可是人们对这里一无所知，既不知道这里有什么，也不知道在这里能做什么。

↓

人们都不愿意去名不见经传的地方。
首先是不是该提升它的知名度？可是光有知名度，人们也不会来。

↓

需要能够吸引人们的内容！这里的自然风光很漂亮！食物呢？能不能吸引 B 级的美食家？（调查）

↓

目标客户群在哪儿？还是在东京和大阪。特别是如果吸引不了东京（包括东京的媒体），就引不起话题，谁都不会行动。

↓

花大量的资金，进行观光的宣传吧？

↓

不行不行。即便是花钱请名人代言，也不过半年就没用了。
如果不能持续有效，那就没有任何意义。持续性非常重要。
要建立起哪怕自己不在了也能继续运作的体制，能够让当地重现活力的体制。

还是应该把当地人发动起来，组建起能够持续运作的体系，催生出有本地特色的观光内容。

也就是说，我们需要做的不是大量发放夺人眼球的广告，而是在当地干这几件事情：“找到这项事业的当地领头人物”“催生当地的新型经济”“让资金稳定”“建立起有活力的体制”。

首先需要知晓当地的声音和所处状况。跟当地的人接触，倾听当地人的意见，需要能够根生于当地的创意。

然后，在这个基础之上，以客户群（东京人）的目光去思考促进观光事业发展的点子。找到当地人想不出来的点子。

需要东京人跟当地人共同组成的团队。还要加上对观光行业有专业经验的人士。公司也行，自治体也可以，也可以是更有经验的组织。还需要学校那样的组织。

九十九岛大学！可以在那里做什么？首先是信息的整理，没有信息，什么也做不成。

需要克服的障碍是如何让人们花十万元也愿意从东京前来。

推广的时候，不单是观光信息的传递，还需要吸引人们进一步了解的素材，需要拍摄用于广告宣传的照片或者影像资料等等。

↓

世界首次！利用 VINE 将观光活性化！让我认识的 VINE 的工作人员也参与到我们的项目中来。

↓

还需要让当地的店铺等都加入，所以是不是需要让当地的有识之士组成一个机构组织？然后在当地人中找到一个关键人物，以这个人物为轴心进行 PR 宣传。

↓

还需要能够引起更大话题的故事。由当地宣传发扬的，根植于当地人生活的新观光故事。什么样的故事好呢？需要进一步思考。

将零星的点子串联成故事

上面这种笔记就是我在担当项目时所记录下的“串联笔记”。正如你所见，虽然我只是将自己的所思所想按照顺序用箭头串联了起来而已，但是不知不觉间，大脑中的思绪就被整理清晰，该着手的课题也跃然纸上。随后，我们就朝着实现这个课题的方向，启动了推动九十九岛发展的项目——“九十九岛大学”。一开始不知所措的我通过将自己的想法用“→”串联起来，就明确了“自己应该做的事情”，以及应该进行思考的方向。

将零星的信息和点子用“→”串联起来之后，你会感觉就像在阅读故事一般，那些重要的内容顿时跃然纸上，清晰明了。然后，你霎时豁然开朗。那些以往混乱不堪、晦涩难懂的事情，也变得简单易懂，哪些是重要的内容，哪些是无所谓的内容，你一目了然。在不知不觉中，你已逐渐向自己寻找的答案靠近了。

顺便说一下，在上面笔记中我所写下的内容，结果几乎全盘实现了。而且，最让人惊讶的是，九十九岛建立起来的模式还荣获了2015年的“top design”奖项。可以说是“串联笔记”让给人们的生活增添新的色彩成了可能。

这里，我再给大家讲一个实际运用“串联笔记”的例子。

将“串联笔记”展示给别人看的话，会比任何企划书都能更顺利地得到别人的认可。当然，在商界效果也同样明显。正因如此，我常常把自己串联笔记上的内容直接制作成企划书，用在企业的报告会上。

比如说，148 页黑框中展示的内容是我从 2015 年春天为世界著名高档百货连锁店**巴尼斯纽约（Barneys New York）**做的企划书中提取的，是年末宣传活动用的企划书的一部分。实际上除了这两页以外，在其他好几页上我都用了“串联笔记”来表示。从对上一年的总结回顾，课题的提出，问题点等列举出来以后，还一一写明了解决问题的关键点。随后，还添加了实际的解决方案和详细的蓝图规划等内容。

这正是我把“串联笔记”直接做成商业企划书的一个例子。我想我应该不下一百次像这样把“串联笔记”用作商业企划书或者报告会资料了。而且，这个方法屡试不爽，每次都得到大家对我“内容很容易理解”的评价，我所提议的内容也就这样顺利地渗透到客户的脑中。**这就像是自己脑中整理后的内容直接复制到对方脑中一样。**最后自然能够得到对方的认可。由此，你可以知道“串联笔记”不单是一种优秀的“思维引导法”，能够让对方轻而易举地理解你想表达的内容，同时也是一个优质的“企划书”的模板，你可以随时运用。

因为这种“串联笔记”是一个运用型的笔记技巧，所以你需要花一定的时间才能将它真正掌握。但是，这个笔记技巧绝对没有一成不变的准则，你只需要按照你自己的意向进行串联就行了。使用“→”，将内容一一串联起来。**就这样一个简单的动作，你自己的大脑中就能产生清晰的“思路”，“课题与结论”“原因与结果”“需求和创意”这些自然慢慢地就清晰可见了。**一旦出现让你感觉“啊，这个课题很难！”的课题，你就试试用这个“→”连接起来。这真的是非常有效的技巧，请你务必加以实践。

那么，接下来我就为大家介绍最后一个“创意笔记”的技巧。这也是我非常喜欢的笔记技巧，叫作**“逆向思维笔记”。**

为了创造话题进行铺天盖地的PR型宣传活动？

↓

这个时代的人们都很现实了。即便是有了话题，仍然卖不出去。

↓

重要的是用技巧让店铺洋溢让人心动的气氛。

↓

让店铺拥有激发人购物欲望的魅力。

↓

第三者的推荐或者总选举或者VS，这三种企划有些让人厌倦了。

↓

如果用同样的推广形式的话，使用排行榜会更加有效。

↓

只是，年轻人可能会觉得排行榜这种形式有些老土……

小憩一下 Column 4

通过笔记出世的方法

——酒会笔记

参加有上司和客户出席的酒会的时候，那些比你职位高的人跟你说了一些重要的话，可是第二天你忘得一干二净……你是否有过这样的情况？

实际上，哪怕听话的人基本上记不清听到的内容，说话的人却有百分之七十以上的概率记得他所说过的话。也就是说，职位高的人记得说过的内容，听话的人却完全忘了。不行，这样当然不行，这样怎么能混得好呢？

因此，在这里我要教大家一种在酒席上运用的笔记技巧。你需要做到三点，就能养成把对方的话记录下来的习惯。你要做的就是当场记录在笔记本上，或者之后也可以，趁着记忆清晰的时候，稍微做一下笔记。然后第二天，在发送礼节性的邮件之类的情况下，把记录下来的这些话题内容添加进去，这样一来，对方肯定会觉得你聪慧能干，对你赞赏有加。

虽然在酒席上拿出笔记本来做记录，这样的行为有些不合常理，但是你如果再添上一句：“我觉得你的话说得很好，我想记录下来可以吗？”这样任谁都不会觉得不得体，而且还会觉得被恭维了，感到心情愉快呢。

这个“酒会笔记整理技巧”，越快实践越好用哟。

创意笔记 6

逆向思维笔记

感到疑惑的时候，不妨从相反的方向思考！
可能你会因此发现之前完全没有留意的地方。

所谓的“逆向思维笔记”，是当你不知道该做什么，或者你想找到真正有用的办法时，可以运用的一种笔记技巧。这种笔记技巧要求你以与大众日常思维相反的方向去思考问题。也就是说，不是按照“原因→结果”的方向，而是按照“结果→原因”的方向来思考，这就是所谓的“逆向思维笔记”的“逆向思维”。虽然，这个说法可能听起来会有点难以理解，但是只要能记住这个技巧，使用起它来其实非常简单。这种“创意笔记”让你不会循规蹈矩、一板一眼地去考虑“自己应该做的事情”，而是让你发挥想象力，去试着想：“哪些事情自己不想被别人超越？”“哪些是一般人平时不会做的事情？”然后将它们付诸实践，这样一来你最终会找到新的答案。

平日里，为了取得商业上的成功，大家都积极收集必要的信息，思考击败竞争对手的方法；在广告上大力宣传自己公司产品的强项，标榜自己品牌的优势，竭尽全力去吸引顾客购买自己的东西。当然，平时的确应该按照这样的“正统的方法论”去思考问题，但是，当这样的“正统方法”怎么也解决不了问题的时候，我们不妨从反面来思考一下……比如：

· 不是考虑自己公司该做的事情，而是考虑竞争对手不愿意做的事情。

· 不是考虑自己公司能实现什么，而是考虑什么事情如果被竞争对手提前做到了，自己公司将会感到苦恼。

· 不是考虑最好结局的剧本，而是从最糟糕结局的剧本的反面去思考。

· 不是考虑现在能做的事情，而是考虑现在绝对做不到的事情。

· 不是考虑做了能得到什么好处，而是觉得即使吃了亏也感到高兴。

我们还可以更加具体地进行分析：

· 若是开发针对女性的商品，我们可以以女性们一直以来的忌讳为着眼点来思考。

· 若是开发针对男性的商品，我们可以从那些被男性所忽略的，

但为女性所欢迎的地方来着手思考。

我的意思，就是说像这样尝试着从反方向倒推回去，想象那些“被禁止的事情”、那些“违背常理的事情”。

你实际尝试之后就能马上察觉到，这个“逆向思维”方式跟用“正统法”思维方式相比，思考起来要容易得多。虽然，要想到自己公司应该做什么很难，但要想到竞争对手不愿意做的事情很容易。虽然，认真思考起来很吃力，但逆向思维很容易。这就是人性。“逆向思维笔记”正是根生于人的本性的一种思维方式。

那么，接下来我们就来谈谈“逆向思维笔记”的具体使用情况。

首先，要给笔记写个题目。例如，“最糟剧本的反面”或者“既损失也快乐”。如果需要更详细的例子，我们还可以写“受女性欢迎的男性内衣”等等。

这样写了之后，首先把用这个主题能想到的事情通通写下来。因为这一步骤比较重要，所以请尽量多写。

那么，我们现在就来实际思考一下。比如，我们假设你的公司是A公司。我们一起想出一大堆你的竞争对手B公司所讨厌做的事情。这样一来，就会出现下面的内容：

B 公司不愿意看到的事情：

· B 公司的商品看起来陈旧

· B 公司存在感薄弱

· A 公司的用户增加

· A 公司的商品获得有权威的奖项

· A 公司做的社会贡献得到表彰

写完上面这些内容之后，我们就在它的旁边一一对应地写出 A 公司应该做的事情。如下面的例子所示：

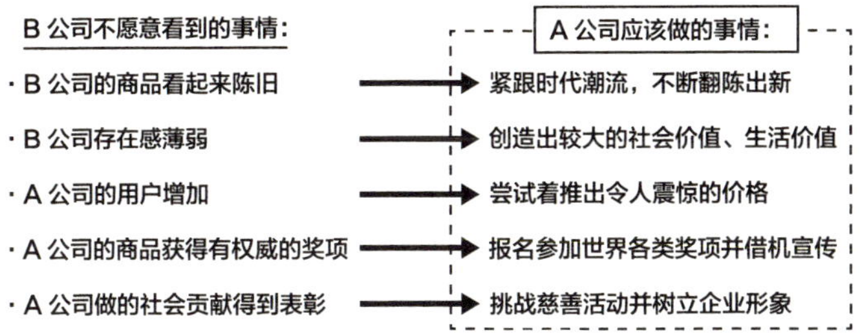

像这样逆向思考后，很多点子就应运而生了。重要的是，其实很多都是不逆向思考就想不出来的点子。仅仅是思考了“如何谋利”“如何打败竞争对手”，就想出了很多一般情况下想不到的点子。

当然，这里举的例子终究是一般性的例子，要作为商业点子来讲还比较模糊不清。不过，在实际的工作当中，还是会产生很多有效的办法。而且，至少在你“不知道做什么的时候”，这种思维方式会作为一个足够强大的引领，指导你产生新的想法。

未来在相反的方向

我常常会听到有句话这样说：“被称作投机商的这些人，都常常反向操盘。”

他们会做出一些逆向行为，例如“买进下跌的股票，抛售上涨的股票”。

这虽然是一件需要胆量的事情，但这就是暗示你，未来人们常常会朝跟现在相反的方向行动。**也就是说，现在人们没有涉足的领域，才是未来有发展潜力的领域。**

我认为这是在商业中也可以通用的思考方法。并且，创意时的思路也不尽相同。现在流行的东西，很快就不再流行。看到流行的东西，开发类似的东西是很容易的，但时间一长，世人很快就会厌烦。因此，即使做“后备军”，也不会流行太久。在此，你需要的是“唱反调”的思路。

因为现在没做，所以要做

就像刚才举的投机商的例子，要反其道而行之。这种思路在促成企业和市场突破的实例中常常能够见到。在这里我简单给大家做个介绍。

“若是开发针对女性的商品，**我们可以以女性们一直以来的忌讳为着眼点来思考。”**

这就是从刚才我们所说的“逆向思维”方式想出来的例子。这是一个平常不太可能思考的方向，对不对？并且，还是“大唱反调”。为什么呢？因为从“忌讳”角度来思考面向女性的商品是相当需要胆量的事。女性对于“忌讳”特别敏感和严格，演艺圈花边新闻中的“婚外情”和“缺乏道德心的行为”就常常受到女性的群起围攻。由此名人的事业就从此一落千丈。正因如此，在负责女性产品的人看来，“正常的思维”应该是认为“若犯了忌讳会被厌弃！”。**不过，我们正因如此，所以反其道而行之。**

这样子会成功吗？想必许多人会有此疑问。实际上，这种类型的成功例子很多。比如，下面我介绍的这个“展示文胸”就是其中一个典型的实例。

内衣通常是不给人看的。

直到不久之前，人们理所当然地认为“展示文胸”是忌讳的。当然，现在年长的女性仍然视之为忌讳。但是，一小部分“展示文胸”的活动现在变得很平常。将来或许还会出现更多刺激性的文胸。时尚的多样化和开放的时代在背后推动了这种文胸的流行。

这正是“挑战忌讳”的人的胜利。最开始想到“展示文胸”的人，靠这思路引领了市场，想必现在肯定大笑不止了吧。

此外，“光腿”也是从一种“忌讳”中构想出来的流行[1]。就连“超短裙”，在刚出现在大家视野里时，也被认为是非常厚颜无耻的东西。其实像这样，“从忌讳开始的流行”实际上数不胜数。

当然这个例子，不仅仅限于时尚界。最近，年轻男性经常佩戴的“大尺寸机械手表”也是颠覆了以往“越轻薄和小巧的表越

1. 这里的“光腿”指女性不穿丝袜，光着腿的样子。比如大冬天里仍然穿超短裙，虽然冷，但是女孩子们视之为美，以之为流行。

好”这样的一种常识。“咸味冰激凌”等也是从“相反的印象”中创造出来的。在许多领域，从“忌讳”开始思考的话，都可以想到有趣的东西。正可谓“唱反调”的逆向思维方法大大地改变着世界。

当然，为了实现这些忌讳，有必要进行相应的市场调查和研究，确认好不会出现过度的负面影响之后再向世界推广。如果有了这样的努力和勇气，就会成为推进企业向前的原动力。唱反调的“逆向思维”方式是能够突破现状的具有跨时代意义的思考方式。

绝对不能做的事情的反面

刚才的例子是从“平常不太可能做的事”来进行的“反向思考”。我们还可以从想象“绝对不能做的事”，来进行“反向思考”，我认为这也是产生新的思路的一种很好的“唱反调”方法。

比如，当觉得思考“企业应该做什么”很困难的时候，你就想“做什么大家会感到愤怒”，然后去做与之相反的事情。举个例子，比如，企业因为绝对不可以破坏环境，所以要采取环境保护措施。再进一步深入的话，你想象那些“产生大量废弃物”的企业的不良行为，然后开始思考能不能有什么方法可以“完全不产生废弃物”。

2009 年，我的前辈，也同为设计师的木村健太郎先生策划并实施了“Sony Recycle Project JEANS”（索尼牛仔裤回收项目）。这个项目就是在广告领域将“唱反调”的逆向思维法进行的最好实践。

这个项目实际上是将索尼在平日的广告宣传中使用的广告布进行回收，制作成牛仔裤销售。

这个项目中，索尼公司制作的牛仔裤不但广受好评，而且能将作为广告宣传用的广告布这种“无法避免的废弃物”加以回收。这个项目让索尼在环境保护活动中的形象得到了大大的提升。我认为这正是从“绝对不能做的事情的反面”进行思考后，才想到了如何才能“完全不产生废弃物”这个妙不可言的点子。

索尼牛仔裤回收项目

另外，再举一个例子。

“不是考虑做了能得到什么好处，而是觉得即使吃了亏也感到高兴。”

有一个这种“逆向思维”的例子，最具代表性的就是那个“熊本熊”。

熊本熊之所以热销有好几个理由。其中一个，我认为是因为任何人都可以“免费且自由使用”熊本熊这个卡通形象。

这个创意点子其实是从“I LOVE NEW YORK”（我爱纽约）这项观光活动中萌发的。据说，最开始，这个“I LOVE NEW YORK”的 logo mark（标志记号）的使用权的一部分面向大众开放，任何人都可以随意使用。

后来，“熊本熊”就效仿了这种手法。那个可爱的卡通形象“熊本熊”可以让大家“免费且自由地使用”，这使大家相当吃惊。本来，卡通形象的这种生意是需要通过收取“使用费”才能成立的，但“熊本熊”反其道而行之，让它的使用费为“零”。于是，所有的人都满欣欢喜地接受了它，“熊本熊”的形象便得以迅速传播开来。

结果是虽然没能收取卡通形象的“使用费”，却因此衍生出了很多与之相关的商品，熊本县的收入随之大大增加，熊本县开发“熊本熊”的目的——对熊本县进行宣传的活动，也得到顺利开展。

正所谓“吃亏是福”。将古代日本人流传的“唱反调”的思路自然推行后，产生了很大的成果。

实际上，在突破性想法难以产生的时候，这种“吃亏是福”的思路会非常有作用。因为，这是此前谁都没有用过的“舍去利益”的思路，在“吃亏”之后得到利益的方法。大家也请尽量将这种角度吸取到自己的思路当中。我想肯定会有有趣的发现，且因此产生突破。

但是，这些“唱反调”思路的秘诀实际上在“笔记”中。

其实，因为大家在平常的生活中，都是“直向思维”的习惯，光在头脑中难以形成“逆向思维”的思路，所以，我们需要一边看笔记，一边一点一点地养成“唱反调”的逆向思维习惯。

另外，在每天的日记中，稍微用“唱反调”思路来审视世界，记下想到的事情也是一个很好的方法。通过这样做，你就会习惯“唱反调”的逆向思维方式，你就能想到有趣的主意。

这种“唱反调”的逆向思维法能够有效地打开独特思路。它是一种让你通过思考事物的“反面”，就能找到新主意的具有跨时代意义的笔记技巧。

请你务必尝试一回。

到此，我们就介绍完了这六种“创意笔记”的类型。

寻找创意并不是一件难事，而应该是一件非常“快乐”的事情。独创性的思维方法是任何人都可以掌握的一项“技术”。并且，运用这项技术，谁都可以拿出高精度的创意点子。

第三章

传达笔记

三个笔记技巧
让你更轻松地传递信息，
打动人心。

为了更好地传达，你需要技巧

到目前为止，我所讲的笔记都是信息整合的笔记技巧和激发创意的笔记技巧。接下来，我要介绍的是第三种笔记技巧——传达笔记。

从“告知”到“传达”。

我在二十多年的工作中一直很重视这个技能的培养。

实际上，“告知”这种姿态，很多时候是说话者和写作者单方面地将信息“强制性”地告知给听话方。国会的辩论之所以让大部分的人都听不明白的原因是，发言的人都完全没有意识到听话人是否能够理解，而只顾着“告知”自己的信息了。

与之相对的是，了解听话方的情况，考虑如何才能让对方听懂，选择恰当的语言，使用表格或者插图，认真谨慎地传递信息，这样才叫作“传达”。到目前为止，我给大家介绍的这些笔记技巧都是以这种“传达”为目的开发的各种方式方法。

要想把自己的想法传递给别人，这是需要很多技巧的，这些技巧就是信息公式化后的产物。也就是说，我们之前介绍的“整合笔记”与“创意笔记”等方法都是以传递为目的的笔记技巧。

那么，接下来我们就把目光聚焦在“传达笔记”上。我们在工作中，不仅跟自己，还要跟上司、下属、同事、朋友、客户、相关人士等周围的各色人群接触。因此，沟通协调能力至关重要。正确传递了自己的意思，才能真正做好工作。

大家已经在之前所介绍的“整合笔记”中学到了如何将信息整理得简单易懂的方法，然后又在“创意笔记”中，习得了如何催生灵感创意的技巧。然后，再添上我接下来介绍的这一个笔记技巧，相信你在工作上一定会有很大的转变。

实际上，你只要把那两种笔记拍成照片，拿给团队的成员以及客户看，就已经会有足够的效果了。就会像我在年轻时看到的那份笔记一样效果显著。

但是，这次我准备了能够让大家的所思所想更好地传递给对方的几个“传达笔记”方法，也就是我接下来要讲的三个“传达笔记”。使用了这三个笔记技巧，你就能够让自己的信息，以更加有趣、更加准确、更加吸引人眼球的方式传递给对方了。

那么，我就开始介绍这种让传递更加顺畅的“传达笔记”吧。

标题

传达笔记 1

“内容提要式”笔记

因为一句内容提要，就让人想要阅读。
有了这句提要，企划书、资料等变得更易理解。

日本经济大复苏！2020 年的亮点就是这个！

在街上激烈亲吻！对，那个明星又传绯闻了！

来自世界的赞美之声！从日本乡村开始的服务是?

大家肯定曾经有过那么一次经历，被以上这样的内容提要所吸引，产生阅读的兴趣。著名女演员脱了，某某人和某某人私会，政治家之间的谩骂，等等。看到这些就会下意识想：“那到底是怎么回事呢？”于是就想浏览里面写的内容。如果有内容提要，人就会被勾起想象，接着就会想要进一步了解。这就是亘古不变的人的欲望。

那么，笔记其实是为自己写的东西，因此，本来没有必要和杂志一样，特意写上内容提要。

实际上，这种想法是错误的。为什么这样说呢？这里是因为，一旦有“内容提要”，读者就会对那份笔记产生兴趣，就会产生一种“还想了解更多”的情感。

即使读者是未来的自己，让自己产生兴趣阅读也是非常重要的。并且，如果笔记的内容变得让人觉得读起来有趣的话，也能有效地勾起人们的想象力。

写给别人看的笔记那就更是如此了。**比起让人不想阅读的笔记，让人想要阅读的笔记肯定质量要高很多。**

简单书写“内容提要”的方法

本书的序章里面写的“笔记年月日”，就是“内容提要”的一则实例。

仅仅是“笔记年月日”这样的“内容提要”，虽然有一定的效果，但如果能更下功夫，添上更多有效的“内容提要”，就更能勾起人们的兴趣，那么笔记也会变成让人更想要阅读的笔记。

那么，接下来让我开始介绍“内容提要式笔记”的书写方法吧。首先从基本型开始介绍。

“笔记年月日＋当事人和内容＋参会人员”

这种格式就是基本型，就是把这样的内容作为笔记的内容提要。使用方法如接下来的例子所示：

2016・04・10/ ○ × 商事 / ○○○○商品开发 / 部长・系长

仅仅是这些内容就可以清晰地表达出笔记的内容和会议的参加者这些信息，因此会让笔记变得更容易使用。如果我们更进一步加上一两句“会议上的发言”的话，就会更加有效。有了这样的一两句话，笔记的临场感就会得到显著提升，让普通的笔记变得更加有趣。

2016・04・10/ ○ × 商事 / ○○○○商品开发 / 部长・系长

“因此，让我们更加关注女性吧！”

看吧，这样简单的一句话就为笔记增添了临场感。我想如果加上这样的“内容提要”，读者就会产生疑问：“咦？这到底是怎么回事呢？”这样就变得想要进一步阅读笔记的内容了。

这时，**尽量写上具有真实感的“发言内容”是成功的秘诀。**因为这样一来，临场感就会更加突出，就会更加鲜明，让当时会议的记忆复苏。

另外，添加上会议当时自己的发现也是不错的方法。

2016・04・10/ ○ × 商事 / ○○○○商品开发 / 部长・系长

“二十多岁最想听的音乐类型居然是‘流行歌曲’！”

这样的提要可以让人很快了解会议的主题，让人印象深刻。看笔记的人也会一目了然，明白什么是重点。

当然也可以写上在下次会议之前，应该讨论的课题。

2016・04・10/ ○ × 商事 / ○○○○商品开发 / 部长・系长

“下次会议前，请画好路线图。”

这句话在第一章“整合笔记”中的“对话框”中出现过，但如果将其作为“内容提要”，就能更加易懂地将课题传达给更多的人。

但肯定很多人会有这样的想法：“喂喂，等一下，这个应该不是‘内容提要’吧？”确实这不是杂志上那种“内容提要”，但是这样的形式已经具备十足的功能，有作为“内容提要”勾起人们兴趣的效果，即使只有这样的“内容提要”，也会让笔记变得非常容易使用。

让"内容提要"更加打动人心！

那么关于"功能性的内容提要"的例子就先介绍到这里。实际上如果能写上更加别致的内容提要，就会更便于向读者传达信息。并且，别致的内容提要还可以在以后作为企划书的标题或者公司内部文件的标头使用，因此非常便利。事实上，那让人想破脑袋也写不出来的企划书标题，有时会在写笔记的时候，意外地很顺利地就写出来了。

那么"别致的内容提要"要怎么书写才好呢？其实，在大家经常看到的 Yahoo（雅虎）话题上面就有提示哟。

Yahoo 话题是 Yahoo 主页画面上的八个左右的新闻条。实际上，你知道吗？在那个位置出现的文章是有规定的，使用的字数必须限定在"十三个字以内"。

Yahoo 主页的浏览量是每天二点五亿 PV（page view/ 页面浏览量）以上。相当于日本全部的人口，每人每天能看到那十三个字以内的文字两次左右。也就是说，全世界的人最常见的内容提要就是那十三个字以内的文字。这样说来，那个字数也是让人只看一眼就能理解意思的字数，因此，首先让我们以那个字数为目标吧。

那么，怎样来写十三个以内的文字才好呢？很想知道吧？在这里我想讲一下优秀内容提要的书写秘诀。

书写的内容只有下面的三种。

A. 场所或者理由

B. 人或者物

C. 行为

将以上内容进行组合，仅此而已。例如：

部长　在会议上　敲打桌子

新开发　面向女性的　数个方案

饮料　让大叔们　幸福

如果加上这样的内容提要，笔记就会变成后面的样子。

怎么样？是不是有点像川柳[1]呢？（笑）感觉给笔记注入了生命一般。

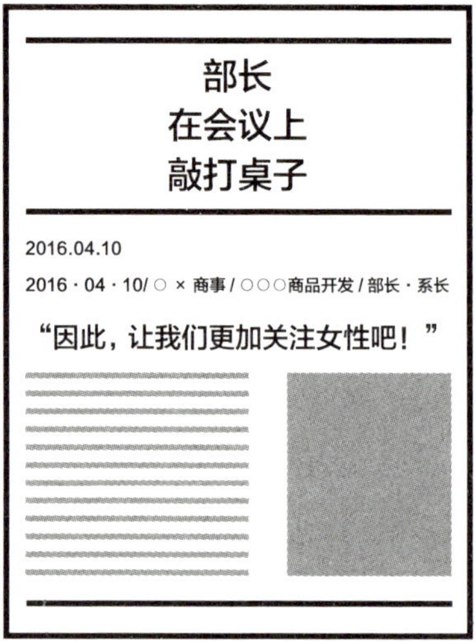

如果是这样的笔记，是不是让人产生一种莫名的亲近感，并觉得很有趣呢？将来回头再看的时候，好像在给团队里的某人发信息的“那个时候的临场感”也会跃然纸上，就会变得更想阅读下去了。

这样的**“临场感”**作为为未来记录的笔记，显得尤为重要。因为即使只是这样，也会勾起很多的回忆，让大脑的思维更加活跃。

只要有这样的“内容提要”，就会为笔记注入临场感，进而让团队或者客户更加容易理解，保持更高的兴趣。

这就是“传达笔记”的一种——“内容提要式笔记”。这就是仅仅因为有了“内容提要”，就让人产生对单纯文字阅读的兴趣的

1. 川柳是一种诗歌形式，音节与“俳句(はいく)”同样，也是十七个音节，按五、七、五的顺序排列。但它不像俳句要求那么严格，也不受“季语(きご)”的限制。川柳的内容大多是调侃社会现象，想到什么就写什么，随手写来，轻松诙谐。

一种笔记技巧。这就是因为仅仅加上了“内容提要”，就让看笔记的人产生了“看起来很快乐”“看起来很有趣”的心情。

刚才我也提到了，快乐的事情、有趣的事情会提高人的思考能力，因此保持适当的有趣、快乐是非常重要的。只是加上了“内容提要”，就会让笔记的阅读过程变得愉快，能回忆起很多事情，也能轻松地想出工作中的好点子。

接下来，让我们介绍“传达笔记”的第二种形式——诉诸视觉，传达更加简单明确的信息的“图表式笔记”。

传达笔记 2

图表式笔记

如果不知道怎么表达，那就画图吧！
如果能够把复杂的事情画成图，自然就能传达出去。

我在第二章中所说的“创意笔记”中的“漫画笔记”是将脑海中的模模糊糊的东西，通过插入“插画”和写出“台词”的方式，让读者看到插图和台词后，整理脑海中的记忆，想象出视觉性的东西的这样一种笔记技巧。是谁、在哪儿、怎么做……这些都变得很容易在脑海中想象出来，得到更具有想象力的想法。

人在添加文字那样的直观的信息时，能够使用更加活跃的想象力。照片、电影、漫画等，就是最好的例子，它们能够最大限度地展现出那种活跃的想象力，唤起更深的共鸣和想象。

实际上，产生那种效果的关键正是“蓝图”。为了“传达信息”，而使用这种直观的方式，这就是“图表式笔记”。

先前写下的“未来笔记”的作用之一就是，通过对凌乱的信息的“整理”和“形象化”，让读者更容易明白笔记内容。多亏了“整理”和“形象化”，才使得任何人都能够轻轻松松地理解并且愉快地进行思考。

这次介绍的“图表式笔记”，在那种实行“整理”和“形象化”的笔记术中，也算是相当洗练的好方法。它是将信息、内容等变成“实在的图形”呈现出来。只需要利用这个笔记技巧，你就能一眼明白这是什么，很轻松地就开始在脑海里“整理”要点，就能够轻轻松松地理解其中的内容了。

口说无凭，接下来就让我来说明一下实际使用“图表式笔记”时的情形吧。

“图标式”分为三种类型：

1. 大小图

2. 设计图

3. 关系图

首先，从“大小图”开始说明吧。

大小图
——知道了笔记的大小，就知道笔记的重要性

一切事物都有大小之分。当然，有物理学上的大小、长短，除此之外，也有像工作议案的“重要程度”那种意思上的大小。

重要人物的“声音”是大的，你最喜欢的女朋友在你心里是占据很大的位置的，但是，“重要度”“存在感”那样的大小用文字的话，很难表现出来，对不对？无论如何也想表现出来的时候，也只有用“重要”这样的文字进行说明。但是，这种“大小”用图像表达的话，人和事都能瞬间理解这种大小的含义。

比如，请看 177 页的“图”。只需要看一眼，你就能明白 A 公司比起 B 公司重要程度更高，比起女朋友，前辈的重要程度也更高。

像这样，用视觉上的大小来表达重要性，就算是相当难以展现的事物也能很快就让人明白。

在平时的工作中也是这样，比起处理数字、单看数字，把它们变成图会更加易于明白。从图上，你可以非常清楚地了解其规模。比起光看数据、信息，通过“大小”来进行视觉化后，你就能清晰明了地看到其中的规模和比例了。

举一个例子吧。这里有一份针对平时在自家饮用的啤酒类型的

A社
新规
企划案
开发
这个好像更重要……
B社
报价单
制作

前辈
女朋友
朋友
同事
对不起，因为我的前辈
一直催着我……

调查问卷的结果数据。从这个表中我们可以看出在选择这五种上榜啤酒的人群中，42.8%的人选择了“超干啤酒”，17.5%的人选择了“一番榨”，支持the premium malts的人占了15.5%，选择“金麦”的占了14.4%，选择YEBISU啤酒的占了9.8%。但单纯从这些数字上来看，很难对其所占比例的多少产生实感。于是，在这里我们把它做成一种“大小图”——圆形图表。

正如右边这幅图上所展示的那样，你能够很容易发现，超干啤酒备受欢迎，而且premium啤酒也出人意料地得到了很多人的青睐。

再进一步思考，你还会意识到，比如说The premium malts如果将来想要反超超干啤酒的销售量的话，该公司必须比现在拥有成倍的商品信息量和冲击力才行……像这样，有了这样的图示笔记，你就能很直观地理解这些内容了。

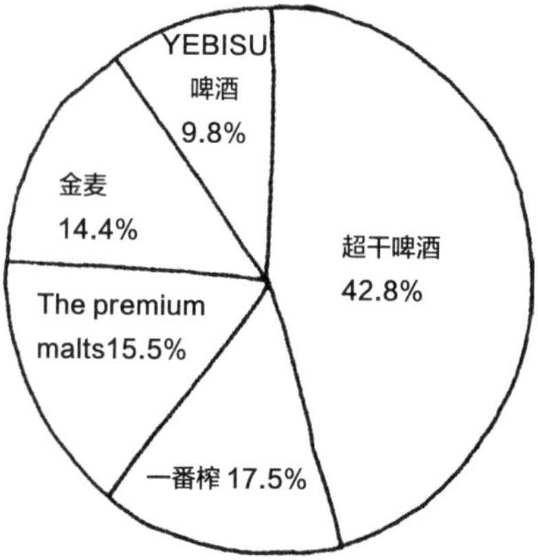

数值来自@DIME网络调查

· YEBISU啤酒：一款札幌啤酒公司的纯麦芽啤酒品牌。
· 金麦啤酒：三得利公司生产的一款啤酒。
· The premium malts：三得利公司生产的一款纯麦芽高级啤酒。
· 一番榨：一款日本麒麟公司独家品牌的啤酒。
· 超干啤酒：高发酵度的啤酒。干啤酒（dry beer）于20世纪80年代末由日本朝日公司率先推出，随后成为独立的啤酒种类。

这样的“直观性的理解”对于突破局限是尤为重要的。在切实感受中思考，才能催生出具有明确针对性的点子。反之，如果思考只围绕在数字中的话，就很容易变成提升数字的“数字游戏”，或者会陷入“只要有决心就总会有办法”的这种主观思维中。

因为没有直观的理解，所以人们才会勉强说出“总会有办法”这样的话。重要的其实是首先将真实的数据视觉直观化。从这个直观的实感之中，催生真正需要的点子。这是一种能够帮助工作定向的有效手段。

另外，之前我也提到，这个方法不单可以用于数字的表示，还可以用于表示工作的重要程度，或者注意力占有率，等等。比如说，用于展示现在手上工作的重要程度时，你就能很清晰明了地看到自己手上工作的轻重缓急。是的，部长交代的工作更重要，所以要画得大一点，课长交代的工作画得一般大就行了……（笑）

你现在已经明白了吧，那些难以直观化的“重要程度”或者“规模”等等，使用了这种大小设计图，你就能很简单明了地看到其中的内容，使其成为指导项目进行的方针。因此，请务必试着用一用。接下来，我们继续介绍第二种图形笔记——设计图。

设计图
——能够直观地说明复杂的事情

所有的事物之间都有关联。

比如说，人们的需求催生了新产品的诞生，新的技术又孕育了新的解决方案。从过去的成功中所学到的方法来应对未来的挑战，人世间的风潮带来了新的变革。如果胡作非为则会受到惩罚，如果说人坏话则会导致争吵。

是的，所有的事物都息息相关，同生共存。

不过，这些关系如果只是用文字来书写的话，理解起来实在很费力。比如说，从 A 与 B 的技术中，产生了 C 这一个好处，然后这个好处又催生了 D 这个产物……这样跟你表述的话，恐怕你需要一定的时间才能够真正理解。它们彼此之间，到底是什么样的关系，恐怕在你的脑海中也迟迟不能成型。

这种时候，你就可以让“设计图”发挥作用了。

“设计图”是一种将相互关联的事物放入“建筑物”之中进行

排列的图形笔记。通过将各种各样的信息放入“建筑物”这个单纯的形象物体之中，你就能明白它们之间的关系，其中哪一项重要就能一目了然。

之所以要把它们排列成“建筑物”的形状，其实是为了能够将它们之间的关联结构视觉化。有墙壁，有支柱的建筑物……把这样的形象放入物体的关系之中，它们之间的关系以及重要性也就一目了然。

比如说在开发新产品的时候，如果分别介绍产品所使用的技术和它的新性能的话，会使用户感到难以理解，但如果使用“设计图”来进行视觉上的表达，用户们就能更加迅速地一目了然，“哦，原来这项技术催生了这种性能”。“设计图”不但可以在团队中共享，

而且还是一种可以运用于商业报告演说中的笔记技巧。

为了让大家更进一步理解这个“设计图”的原理，我再举一个例子来进行说明。

题目是最近流行的“Airbnb（空中食宿）”。虽然“Airbnb”已经作为替代传统酒店的具有跨时代意义的新生事物，而赢得了大量的人气，但是要给完全不知道“Airbnb”的人说明其中的原理，依然是比较有难度的。于是，我们就在此使用“设计图”，让不知道这种新事物“Airbnb”的人也能够明白。首先，我们先用文字进行说明。

“Airbnb”是帮助把那些原本不是酒店房间但没有利用的房间，作为酒店房间出租出去。把“想把要出租的房间放到网站上”的房东和“想租房”的租户的需求连接起来，就是这个“Airbnb”的基础功能。

不过，重要的是“直接进行金钱的交付比较复杂”这一点。“Airbnb”就通过网站系统这个媒介解决了这其中所产生的“麻烦”与“不安”。

首先，让要出租房间的房东能够免费在网站内部上传自己想出租的房间。租户可以任意阅览，预约，与房东沟通，结束房间预约。这些时候，租户不需要支付任何费用。

“Airbnb”在“住宿”实际成立之后，会从租户那里收取房费的百分之六到百分之十二的费用，再从房东那里收取房费的百分之三的费用，这样整个商业交易就成立了。

这样，用文字书写后，你是否能够很好地理解其中的内容呢？虽然这已经是尽最大的努力想写得比较容易理解了，但是对整个金额的流动以及整体的构造还是理解起来有困难，是不是？那么，接下来我们将这个 Airbnb 的介绍做成下面这张图来试一试。

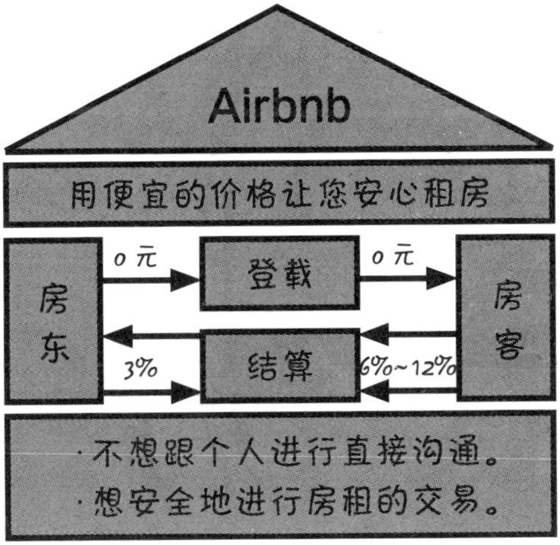

怎么样？是不是稍微一看就明白了其中的构造流程，什么是需求，金钱的流向如何，等等？以用户的需求为地基，在房檐的地方写上 Airbnb 的亮点，这样一来，需求与解决方向便清晰明了了。

而且，将房东与房客作为墙壁，他们是如何进行金钱的交易则成为“家中的横梁”，这样一来金钱的流向也一目了然了。

像这样**能够把事物的构造以图像展示出来，人们也就能够直观地理解那些晦涩难懂的内容了。**这样来说明的话，主客关系很容易就理解了吧。顺便说一下，在画这种“设计图”的时候，不要画得太复杂，就像这次的“资金流动”的图一样，顺着简单的主题来思考，就能变得容易理解。

那么，接下来，在“图形式笔记”的最后，让我们进入**“关系图”**的讲解吧。

关系图
——把关系用线条和加粗来形象化

186 到 187 页有两幅“图”。

一幅是福冈县的“关系图”，另一幅是广岛县的“关系图”。这些是把各县的居民“听到地名后脑海所浮现的东西”通过词汇的关联而作成的图（※ 源自“广岛”品牌概念书）。图中央的词汇是许多人的回答，而粗线是关联性强的东西。

由此“图”来看，福冈的中心是“美味”，而广岛的中心则是“宫岛”。这其中有当地人对于他们县最先联想到的东西，也有他们引以为傲的东西。

各个县所提出的“地名”“出生于此地的明星”“有名特产”等都是能代表当地的事物。去博多的话，那个地区的人就都会说“这是座宜居的城市哦”，同图中表现得一模一样。广岛的话，当然是“鲤鱼”棒球队让人印象深刻，当然也有原子弹爆炸让人难以磨灭的记忆。

令人感到意外的是福冈的“南海队”棒球队影响不那么大；广岛首推的是“宫岛”棒球队，居然不是“受欢迎的烧烤”或者“牡蛎”。而且福岛的“观光地”形象不深刻，这就有可能成为今后地区活性化的问题之处。广岛的“宜居”形象很微弱，也就可以看出“居民的满意度”将成为未来需要解决的课题。

使用“关系图”之后，“品牌形象”的现状与课题等，不管对谁来说，都变得简单易懂了。

而且，由于也能够把握各项目的相互联系，为了品牌的形象改善，也可以集中宣传其中关联性强的项目。

由于“关系图”能够像这样让人清楚事物之间相互的关联，对于促进销售与品牌打造都会有好处。例如，使用新商品的形象调查，同竞争商品的关系及自己公司的优势劣势便一目了然。用明星来做广告的时候，这个演员同商品的关联，甚至是消息的传播程度都能够一眼看懂。不管是小型商店，还是大型品牌，如果利用这种“关系图”的话，谁都可以很容易就明白现状与课题。

广岛县居民

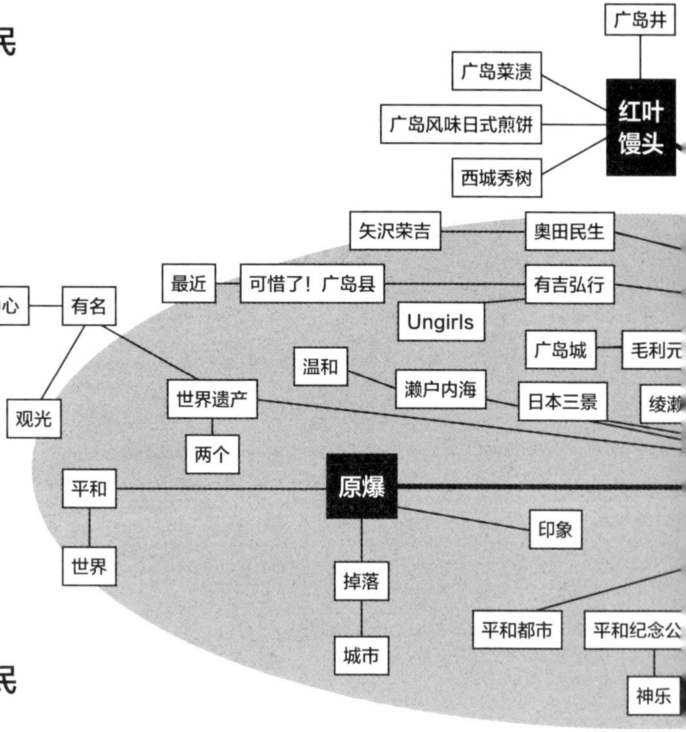

福冈县居民

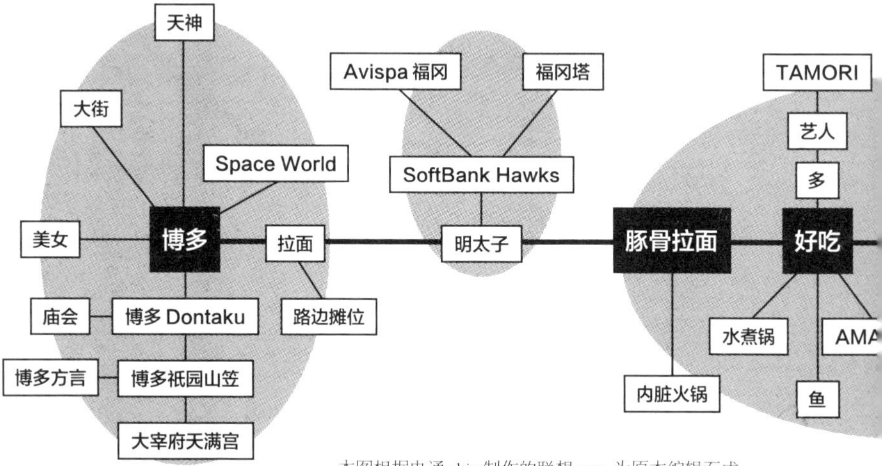

本图根据电通 abic 制作的联想 map 为原本编辑而成。

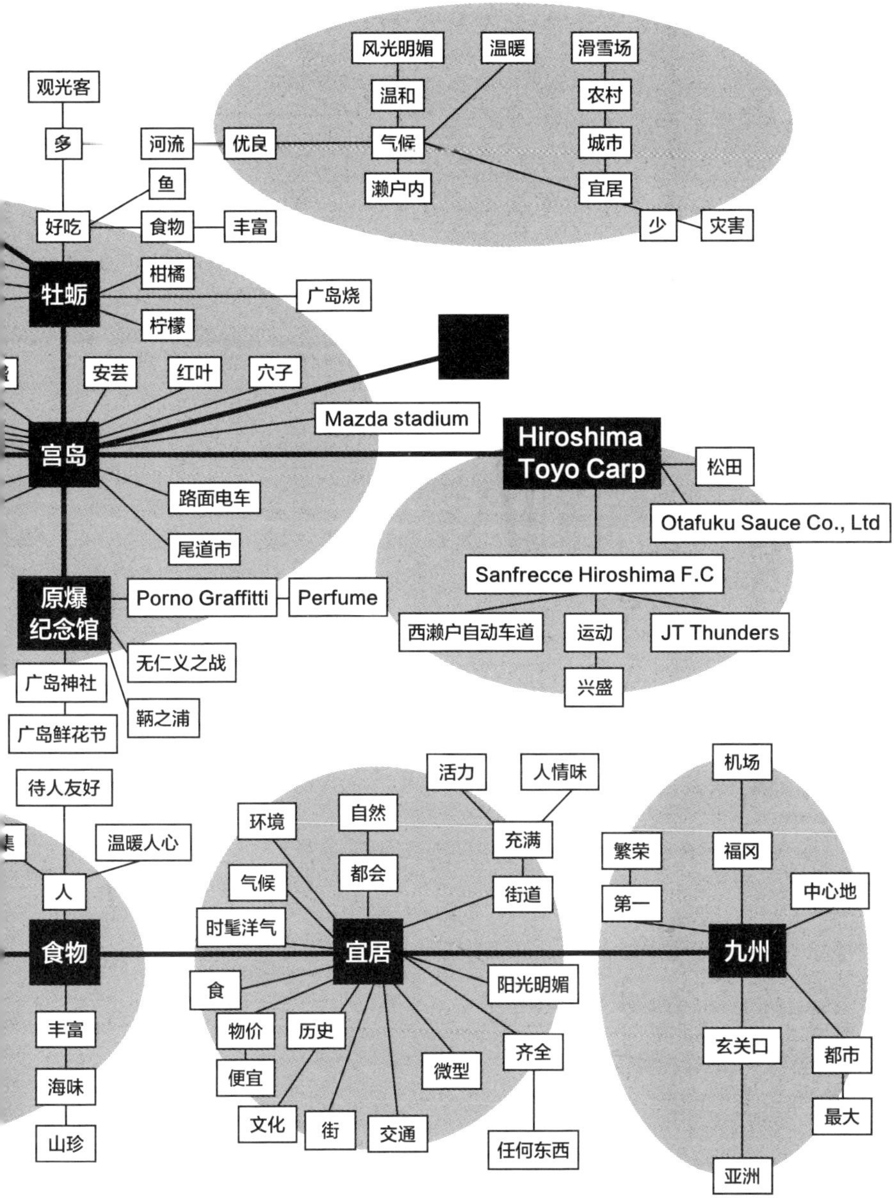
观光客
多
河流
优良
风光明媚
温和
气候
温暖
瀬户内
滑雪场
农村
城市
宜居
少
灾害
鱼
好吃
食物
丰富
牡蛎
柑橘
柠檬
广岛烧
[redacted]
安芸
红叶
穴子
Mazda stadium
宫岛
Hiroshima Toyo Carp
松田
Otafuku Sauce Co., Ltd
路面电车
尾道市
Sanfrecce Hiroshima F.C
原爆纪念馆
Porno Graffitti
Perfume
西濑户自动车道
运动
JT Thunders
兴盛
无仁义之战
广岛神社
鞆之浦
广岛鲜花节
待人友好
温暖人心
人
食物
丰富
海味
山珍
活力
人情味
环境
自然
充满
都会
气候
街道
时髦洋气
宜居
食
阳光明媚
物价
历史
便宜
齐全
微型
文化
街
交通
任何东西
机场
福冈
繁荣
第一
中心地
九州
玄关口
都市
最大
亚洲

Hiroshima Toyo Carp：日本广岛职业棒球团体的名称。

松田：Hiroshima Toyo Carp 所属公司的创始人家族姓氏。

Sanfrecce Hiroshima F.C：日本广岛职业棒球团体的名称。

JT Thunders：日本广岛男子排球队的名称。

Otafuku Sauce Co., Ltd.：广岛县内生产酱汁等调味品为主的大型食品公司。

博多 Dontaku：在福冈县福冈市每年五月三日到五月四日举行的庙会。每年参加人数达到两百多万，是日本国内参加人数最大的庙会之一。

Space World：福冈县北九州市里一个以宇宙为主题的主题公园。

SoftBank Hawks：一个日本职业棒球队的名称。

Avispa 福冈："Avispa 福冈"是一个福冈县职业足球俱乐部。

天神：九州最大的商业街的名称。

《无仁义之战》：日本作家饭干晃一以二战后在广岛发生的广岛抗争为题材创造的小说。

明太子：一种在日本与韩国料理中常见的用辣椒和香料腌制过的明太鱼的籽。

TAMORI：原名森田一义，福冈县出身的日本著名搞笑艺人，常年以戴墨镜的形象出现在综艺节目中。

AMAOU：日本福冈县久留米市生长的一种草莓的名称。

Ungirls：日本广岛县出身的日本搞笑男艺人组合。

Mazda stadium：广岛县一个著名的市民棒球场。是职业棒球团体 Hiroshima Toyo Carp 的专用球场。

水煮锅：一种日式火锅，在锅里加水煮沸后，加入食材（鸡肉和卷心菜等）煮熟后，蘸上日式酱油吃。

广岛鲜花节：是广岛县广岛市每年五月三日到五日举行的庆祝节日，每年参加人数达到一百六十万人，与博多 Dontaku 等并列为日本黄金周中最大的庙会。

日本三景：指日本的三个观光景点，宫城县宫城郡松岛町的松岛、京都府宫津市的天桥立、广岛县廿日市市的严岛（又称宫岛）。这三处景点早在德川幕府建立初期便已全国闻名，此后逐渐成为日本景色的象征，被编写入民歌、教科书等宣传材料之中。

原爆纪念馆: 位于广岛和平公园旁边。它原是一座会馆，建于 1915 年，是唯一一座保留着遭受原子弹炸毁时惨状的建筑。圆顶楼于 1996 年被指定为世界文化遗产。

内脏火锅：福冈县福冈市的传统火锅，以猪和牛的大肠小肠等为主要材料的火锅。

尾道市：广岛地区东南部的一个市，作为“文学都市”“电影都市”闻名全国。日本著名文学家志贺直哉等曾在此定居，小津安二郎的《东京物语》在此拍摄。

鞆之浦：广岛县福山市地区南端海湾及周边海域的名称。

Porno Graffitti：日本一两人摇滚乐队的名称。（成员：冈野昭仁，新藤晴一，均出生于广岛县尾道市。）

那么接下来，我就说明一下怎么来制作这种“关系图”吧。

首先，要是根据题目收集其内容，就把反复出现意见的项目写在最中间，把与其有联系的东西写在四周。这时，关联性强的关系用粗线连接起来，如果不强就用细线连接起来。

例如，来试着看看涉谷的“关系图”吧。首先，统计询问人们对涉谷的印象时收集到的词汇，然后把各个词标出来。

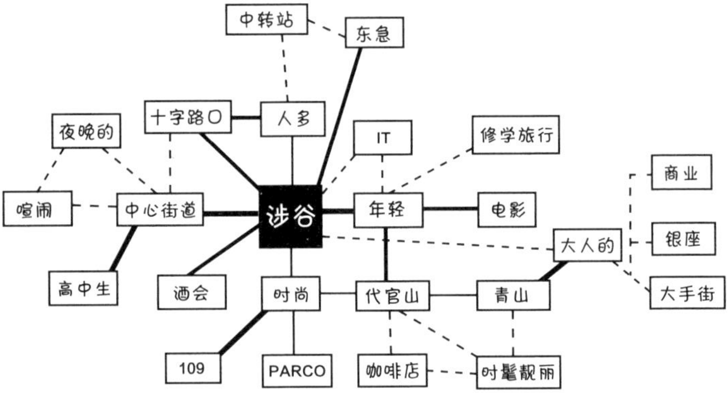

如果“涉谷”“年轻人”“中心街”这样的词较多的话，可以通过加粗加大字体来反映它的重要程度，并同时把它写在正中央，而且，与此相关的项目也通过把线条加粗连接起来。通过这样的方法，就清楚了这个地区联系强烈的内容，“代官山”作为与“年轻人”这样的词相关的地名出现，这样一来，把它写到“年轻人”的周围，

再把与“代官山”有关的词也写出来……就是这样的方法。

看这里的话，对“打扮”“咖啡”等的印象是关于“代官山”的，这样就能对“涉谷”有稍许了解了吧。

在这里所举的“关系图”的例子，虽然还只是中间阶段，但是如果将其继续下去的话，能清楚了解涉谷强弱的图就能够完成。而且，若能在商业中也使用它的话，就产生各种各样的效果了。这虽然只是一个例子，但通过这样的手法，制作出私家车、化妆品、饮食店等的关系图的话，就能得到许多对开发有益的启示。

这种“关系图”虽然也可以通过市场调查得出的数据精细地制作出来，但实际上，在团队内部讨论，得出许多词而制作的东西也同样很有效。我在店铺开发的时候就经常使用这种“关系图”来制作开发形象。

当然，如果把它们的关系图只用文字来写的话，就会变得非常难以理解。即使写出“这个和这个有关系，这个和这个没有关系……”这些东西也还是不能理解，只是成了难读的堆叠在一起的信息而已。**这种关系复杂时果然还是要使用图像，在视觉上让人直观地理解尤为重要。**这样做就能够向周围的人传递同样的形象与课题了。

怎么样？这三种“图形式笔记”都是通过把复杂的信息形象化来传达信息的简单的笔记技巧。不管是用哪一种方法，都能够瞬间传达自己的想法与复杂的信息，因此请一定要尝试一下。

到这里，第二种“传达笔记”，我就介绍完了。

那么接下来就是最后一种“传达笔记”，**——让任何人都能即使不看原稿，也能脱口成章的“演讲笔记”。**让我来介绍一下这个在演讲中很有用的笔记技巧吧。

传达笔记 3

演讲笔记

不读原稿，直接面向听众讲话。
这是提高演讲水平的笔记方法。

听起来唐突，但其实演讲的要点在书籍的标题中。

书籍的标题有什么作用呢？

当然是为了展示作品的魅力。最近，也成了“宣传词”，用有趣的词吸引在书店和网上书店中浏览书的人群，促使其购买书籍。正因如此，**标题里面包含了很多吸引人们产生兴趣的技巧。**

但是，让人对书“产生兴趣”此事说起来简单，实行起来并不容易。这是为什么呢？因为绝大多数的人，在日常生活中，完全不会认真思考书中所写的内容。

若是一边考虑某些相关事情一边来买书的人，或许会单单根据关于书的内容的标题而取书查看。但若为了卖出更多的书，就有必要将原本“没有兴趣”的人也拉拢过来。因此，书籍的标题中包含了很多吸引没有兴趣的人产生兴趣的技巧，也就是包含了“兴趣显现化”的技巧。

提起别人兴趣时使用的话语“为什么”

“竹竿店为什么不倒闭？”

“高层管理者为什么喜欢打高尔夫？”

“社长的奔驰为什么有四个门？”

这些都是不久前席卷世界的畅销书标题。想必很多读者也曾经将这些书置于手中翻阅过。

《○○为什么 ××？》，这是这三本书通用的拟题方式。

除了这三本书之外，这种类型的标题的书其实还有很多。

为什么呢？当然是因为这样的标题能够让书卖得好。实际上是这种起标题的手法能引起“兴趣的显现化”，激发起读者对书籍内容的兴趣。

人的兴趣介于“疑问和解决”之间。

兴趣产生在“为什么”与“原来如此”之间。也就是说，“为什么”是人产生兴趣的最初始的词。

“为什么太阳很明亮？”“为什么男人爱女人？”“为什么1+1=2？”若以“为什么”一词起头，人们就不由自主地产生兴趣，会去思考到底是怎么一回事。所以，才将“为什么”用于书籍的标题中。这是一个非常适合拿来吸引原本没兴趣的人产生兴趣的词。

此外还有其他的引起“兴趣显现化”的手法。那就是“呼应”。

下面的话是以前引发社会现象的杂志封面标题（《BRUTUS 1996年8月15日·9月1日合并期刊》）。

你看过维米尔吗?

那是当时还不为广大日本人所知的画家维米尔的特辑。但这个标题非常具有冲击性。当时，我在书店偶尔看到这个杂志标题，因被问到“看过维米尔吗？”，不由得想回答：“没看过呢……还是该看看吧？”这就是“呼应”，也是号召和回应。

人，若被号召，会无意识地想要回答。

比如，若有人说“喜欢啤酒的各位”，喜欢啤酒的人会在心里想“什么事？”，若被问到：“你知道the third wave（第三波）咖啡吗？”人们就会想：“不知道呀，还是了解一下比较好吧？”

我将这种“呼应”的手法应用到广告工作中，是在进行 2014 年在东京开业的安达仕（Andaz）东京酒店的宣传活动时。

安达仕（Andaz）已是世界有名的酒店，但在日本的认知度还不高，这是一个需要解决的课题。

因此，利用“呼应”，进行了号召。这就是——

“你知道 Andaz 吗？”

结果立刻就有了反响。SNS 上增加了很多回复，大家回应道：“那是什么？”“不知道，但我很感兴趣。”“我查过。”从杂志等媒体也收到了很多读者发来的咨询信。大家都被激发了兴趣。有号召就有回应。这可能是人的本能。大家也请一定加以实践。

有了数字，书的销量就会增加

此外，引发“兴趣显现化”的强大武器是“数字”。《7个习惯》《9成传达方法》《10个法则》《99%成功》……现在只要去书店，一定会见到带“数字”的标题。

人看到数字，不知为什么就会感到很重要，并且想要知道数字的意思。数字是打动人心的魔法语言。

此外，还有几种使书畅销的标题法则。比如，《只有成功人士知道》《只有东大生知道》这类，“只有〇知道”这种词组，也常常附带在畅销书中。

另外，**《虽然〇〇，但××尝试了》**这种标题，也被认为是引发兴趣的标题。因为可以让人产生一种可以简单了解什么事情的感觉。

《〇〇力》和《仅仅一个的》等也很有效果。另外，在第二章的“handle笔记”中我们介绍过的“那真的〇〇吗？”这种说法，它作为制造畅销书的标题也是有效果的。除此之外，还有很多“畅销书标题的法则”，你不妨查一查，会发现其中趣味无穷。

罗列书籍标题进行演讲

且说，这次的话题本是“演讲笔记”，结果，在本节的开始我们却一直都是在讲“书籍的标题”。对了，想必你已经明白了，那些书籍的标题手法对演讲大有裨益。

演讲中重要的是使没兴趣的人产生兴趣，对话题内容抱有兴趣。实际上，这与书籍标题的原理如出一辙。另外，演讲时，讲话人若有方法，可以不必看原稿就进行演讲，这当然是最棒的。实际上，能够满足这两方面需求的就是我们要介绍的“演讲笔记”。这种笔记方法使演讲者不用看手头的原稿，而且能够吸引住下面的听众，并且还能不断提示演讲者接下来该讲什么内容。

那么，我就来讲一下这种“演讲笔记”吧。

“演讲笔记”的使用方法很简单。首先，使用刚才讲过的“书籍标题”的手法，创造几个词语。

在这里首先使用“Normcore”这一流行语来做一下演讲笔记。

那么说这个“Normcore”，大家知道这个词吗？实际上，这是最近流行的一个词语，有些会议和演讲的标题中可能会出现。我直到最近才知道这个词，但是，没有关系。即使是不太知道的词，若使用畅销书标题的法则，也能够吸引大家继续听下去。

· 你知道“Normcore”吗?

· 为什么“Normcore”畅销?

· “Normcore”的好感度达到了九成

· 了解“Normcore”的十个习惯

· 只有东大生知道的“Normcore”活用法

· “Normcore”真的能使未来丰富吗?

会不会有种若不知道“Normcore”就不行的感觉？并且，想查一查“Normcore”……这样的人很多吧。

“演讲笔记”的效果是即使对方不知道接下来要讲的词语是什么，也能吸引对方继续倾听。即使对方一无所知，你也能在短短几分钟内，使对方产生兴趣。

刚才讲不用看手头的原稿，就能够吸引住听众。

原因在于，像刚才的例句，如果能将每行笔记当作画面般来描述的话，即使不阅读手边的原稿，也可以生成谈话的引子，可以根据那个引子阐述自己的观点。

比如，出现“你知道 Normcore 吗？”这种笔记，就可以开始讲“大家知道吗？实际上，我以前也不知道……”。若是说“Normcore 为什么畅销呢？”，就可以进行“实际上，是有这样的理由……”这种说明。当然有必要稍微进行一些练习，将这些笔记当作引子，可以与听众在同一意识下进行演讲，就容易传达。重要的是：

1. 演讲笔记要模仿书籍标题进行创造，引发听众的兴趣。
2. 画面中只提出一行笔记，一边看画面一边讲解。
3. 要与听众处于同一立场上解决问题。

总结为以上三点。可以像本节开头那样，直接使用书籍标题的模式，演讲和会议就能够出乎意料地顺利开展。

不过，对于思考“Normcore 究竟是什么？”的人士，要稍微进行些说明。

Normcore 是被翻译成“极致的普通”的时尚用语之一。本指的是一种风格，像史蒂夫·乔布斯那样，每天几乎都穿同样的衣服，反而很有个性。现在，用在生活方式和经济中，可以说是象征时代的一个词语。

这样，如果你被问到“你知道 Normcore 吗？”，就可以回答“是

的，我知道”了。（笑）

若有一行标题，讲起来更容易

这种“演讲笔记”，在结婚典礼等演讲场合，当然也可以使用。若有很大的显示器，一行行提出话题演讲的话，气氛会更热烈。如果没有显示器，手头准备提示卡也容易使用。

比如，我们设定一个虚构的人物——“山本贵文先生”结婚了。演讲时，比起突然说：“呃，说起山本这个人……”

你知道“山本贵文”吗?

提出这个标题式讲述的方式，更便于讲解和提升现场氛围。因为如果有标题，以此为引子容易提起话题，听众也容易进入话题中。

“山本贵文”为什么决定结婚呢?

→“为什么呢？那么先从最开始说起吧！”

对于结婚，山本贵文有九成意愿

→“怎么想起这个标题呢？实际上，结婚有九成是他的意愿……”

只有东大生才知道的山本贵文

→“因此，我向他身边的东大生询问了山本的魅力……”

山本贵文养成的十个习惯

→“以此次结婚为契机，他养成了十个新习惯。比如……”

山本贵文的未来真的有盼头吗?

→“关于这个标题，在他的朋友之间召开了座谈会。这是当时的录像……”

我是山本贵文的后辈，试着模仿了山本贵文的怪异特征

→“聚集了他的后辈，让大家模仿了他的一些特征……”

像这样，模仿书籍的标题写下一行字来作为开启话题的引子，光这样做，你就能够使现场的气氛变得热烈。此外，相比于什么也不做，直接进入话题，这种方法会更便于讲述。你渐渐习惯后，即使不读手头的原稿，也能配合现场的热烈氛围逐步推动演讲进程。

还有，因为将书的标题作为了例句，谁都可以简单地写，并且由于是引用畅销书的标题提出来，肯定就能引发话题。演讲内容如果能简单明了的话，演讲看起来就会比较成功，演讲者也能够更加轻松地进行演讲。

你需要做的事，只是事前多做几份笔记，由此发表演讲就能热烈起来。这种“演讲笔记”请你务必加以实践。

那么，到此，我就已经讲完三种“传达笔记”了。使用笔记，来更好地传达自己的所思所想吧。若能帮助你平日在传达时起到一定的作用，我将不胜荣幸。

未来笔记，是超棒的笔记

怎么样，十四种“超级笔记”的世界？

“整合笔记”“创意笔记”“传达笔记”各有各的功效，想必各位已经体验了其带来的效果。我介绍的这十四种笔记方法，每一种都是来自我自身的经验，都是曾经帮助过我的未来笔记。

未来笔记，具有总结信息、创造想法、传达信息的力量，并且，也有使人工作愉悦、提高工作效率、启发人能力的力量。

开始使用未来笔记，对人生来说，可能看起来只是一个微小的变化，却具有能够改变今后你的工作和人生的力量。

请一定学会使用在此讲过的未来笔记，大力开辟自己出色的能力吧！让这十四种笔记方法，引领你到新的世界中。

最后，附上我与我敬爱的小说家伊坂幸太郎先生就笔记进行的谈话，以此结束本书。

那么最后一章，请看“达人笔记”。

小憩一下 Column 5

胜在名片上的方法

——记名片笔记吧

名片是非常重要的，虽然不能在名片上面做标注，不能弯折名片，但是如果在收到的名片上稍作标注的话，也会成为非常重要的“话题工具”。

收到名片的话，当场小心地收起来，之后，再把当时谈论的话题、对方的特征记下来。

要是日后再和那个人相遇的话，就提前看一下那张名片，若再次谈及那个话题时，对方会非常惊讶，并给予你很高的评价。

用和对方有共同的故事这一点，提前记住对方的事情也是很有用的笔记技巧。

事实上，这好像是刑警们为了记住遇见的人亲身实践出来的呢。

虽然有些不太礼貌，但是请忽略这一点，尽管试一试如何？

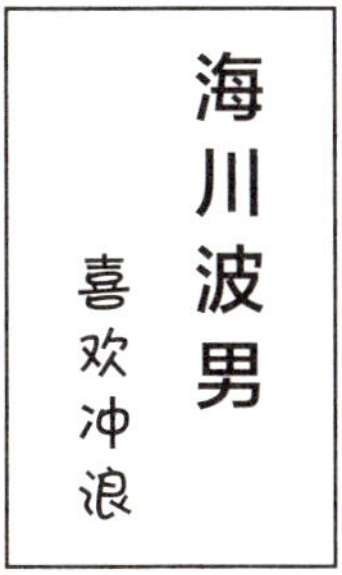

第四章

达人笔记

观赏笔记达人的笔记整理术。
工作能干的人都有一套
自己独特的记笔记的方式。

畅销作家的笔记中写着什么呢？

在我至今为止接触到的人中，那些我觉得“工作上十分能干”的人，可以说全部都使用了“笔记”这种记录方式。而且，他们每一个人都各自有一套方法对付各自的工作。

有为了收集信息而记笔记的人；有为了提取信息而记笔记的人；有为了激发新的创意而使用笔记的人；有为了平复自己的心情，向笔记倾诉的人；还有一个劲地在笔记本上描绘电影场景的人。

“笔记”这个世界，真是了解得越多越觉得其深不可测，而且越发觉得有趣。每次接触到不同个性的人，我都能更进一步地知道笔记新的可能性。

在这里，我想跟大家分享我与我非常喜爱的作家，也是我的朋友——伊坂幸太郎的谈话内容。伊坂先生即便在我所知道的“笔记达人”中，他都算“非常有趣”的一类。他说：“我不记笔记，但如果不使用笔记的话，我是写不出小说来的……”这句话的真实含意是什么？

你想知道的话，就让我们一起来探究伊坂先生的笔记整理术，以及他头脑中的所思所想吧。

组合拼凑催生创意

小西：我跟伊坂先生已经是老相识了，但是像这样的访谈我们还是第二回。我还有点紧张呢，请你多多关照。

伊坂：我也有些紧张，因为我平时都没有接受过关于小说以外的采访。也请你多关照。

小西：我虽然是广告撰稿人出身，但是我身边其实有很多人都是伊坂先生的粉丝。而且，你知道吗？数量多得惊人。

伊坂：我还真不知道呢……真的吗？

小西：我想这是因为你写的那些书中，总是有非常多精妙有趣的话，能让我们广告撰稿人在工作中派上用场。

我喜欢的你有这样一种描写。那是一种关于夜景的描述，你说那没有一丝光芒的夜晚景色是“真正的夜景”。说真的，我那时候觉得，“啊！真的呢！确实如他所说！我也这样觉得”。就像这种表达，我常常会在你的语言以及登场人物的台词中找到，我觉得妙不可言。每次都让我感觉像是要“夺走了我的呼吸”一般。

伊坂：你这也太夸张了。（笑）说得我都不好意思了。

小西：因此，我才想知道，你是如何酝酿出这些妙趣横生的语言以及小说情节，如何整理那些复杂的人际关系，以及如何把它们组合成章的，我今天带着这些问题来请教请教你。

伊坂：好的，你请问。

小西：我这里有一本叫作《产生创意的方法》的书，你听说过吗？

伊坂：不，没有听说过。看起来很有趣。

小西：这本书是一个叫作James.W.Young（詹姆斯·韦伯·扬）的人写的。在传媒类的书籍中，它可谓像《圣经》一样的存在。这本书中写了这么一句话："所谓创意，不过就是既有要素的重新拼凑组合而已。"于是，我感觉创意好像真的就是他所说的这么回事。

伊坂：啊，这本书不错。我其实也是这样认为的。嗯，确实如此。

小西：伊坂先生也这么认为吗？

伊坂：我的那些作品也全部是拼凑组合的。像我的那本《死神的精度》，其实也是在探索着把某些东西跟某些东西组合在一起。然后，再从中找到个人特色的原创想法。不过，说起来，其实都还是一些拼凑组合而已。

小西：的确如你所说。我（做广告撰稿人）其实也是通过拼凑组合来激发灵感的，都是一些乱七八糟的东西跟另一堆乱七八糟的东西拼凑在一起。从这个意义上来说，我跟伊坂先生你一样，都是通过拼凑组合别人的东西来创造出自己的东西的。不过，我在拼凑组合时会使用笔记，不知道伊坂先生，你用的是什么方法呢？

伊坂：我一般都不会记笔记的。不过，我通常会带上笔记本出门。

小西：你不记笔记，还带着笔记本出门呀？（笑）

伊坂：（我的）笔记本是在整理灵感的时候用。

首先记下脑海中的画面

伊坂：读者总是说我的小说人物设定很棒。不过，我从来没有从人物设定开始下过笔。我写小说的时候，对人物设定并不太感兴趣。

小西：这有点让人觉得意外。真的吗？

伊坂：嗯，所以每当大家称赞我写的人物很有魅力时，我就感到很高兴，尤其是有些地方我自己写的时候都没有意识到，因为我的小说的构想最初不是从人物开始的。比如说，我给你举个例子。在小说《天才抢匪盗转地球》中有一个叫作成濑的人物。最初的时候，我会把“成濑”这个名字记录在笔记本上。但这个时候，成濑是谁，他是公务员吗，等等。这些设定我都没有决定。虽然，有些作家好像能够描绘出各种各样的登场人物，但是我写不出来。我在刚开始提笔写的阶段，对这些内容完全没有兴趣。因为对我来说，重要的是故事本身以及故事的情节构造，所以我没法以登场人物为起点创作故事。

小西：那你以什么为起点开始写呢？

伊坂：如果说真的开始写，我一般从场面、人物之间的关系图，不对，不是关系图，我也不知道该怎么说，我画给你看看……（他开始描绘下面的这张笔记。）

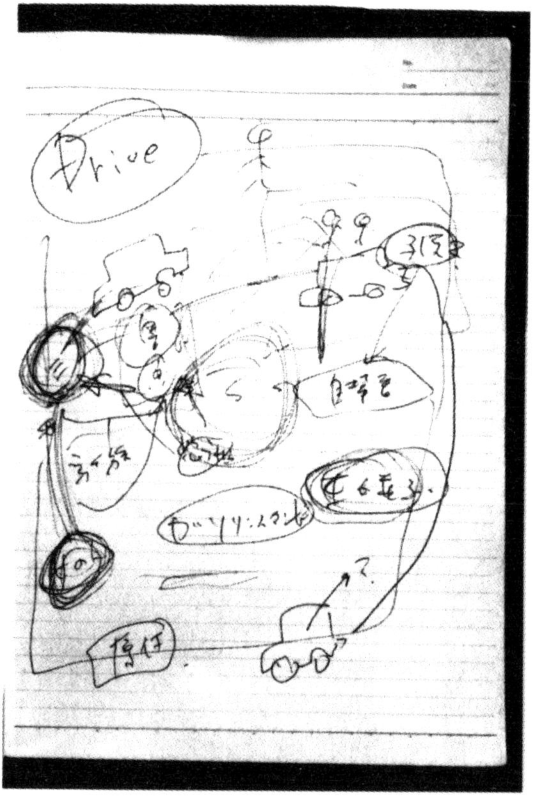

小西：这个真厉害。

伊坂：不，不，完全没有什么厉害的。你说得我都不好意思了……比如说，接下来我必须写“杀屋”系列的书。现在，稿子催得紧。（笑）这时，我首先从标题开始入手。因为已经定下了“驾驶”这个标题，所以我就写一个“驾驶”，然后再去想接下来故事该朝哪个方向发展。

小西：这本书是关于什么的故事呢？

伊坂：从它的标题上来看（笑），好像是应该写成“公路电影”一样的故事。因为这是个关于杀手的家族成员们一起旅行的故事。一家人决定了要乘车到某个地方去兜风，这一部分的内容我已经定下来了。接下来会有一些人跟他们这车人扯上关系。也因此这里会有他们的敌人……这里有一个叫作三宅的主人公，他的车子里面还有他的太太以及孩子……我就像这样把人物关联起来。

小西：你是在记录自己大脑中浮现的图像吧？

伊坂：对对，就是这个这样。啊，这两个杀手，比如说他带着孩子更好啊。啊，不，不对，还是不带孩子更好呢？啊，那就写一个“？”问题符号吧……

小西：果然需要用到符号。你的作品原来是这样构思的啊！

伊坂：这个登场人物是某事件的目击者，因为没有办法，才被迫拖家带口地逃走等等，就像这样把自己想写的内容汇总起来。我就像现在这样一边想，一边跟你讲故事，然后讲到这里，又觉得需要添一个别的什么人物。谁呢？添加一个跟主人公相关的人物吧。这个杀手肯定一直没有跟家人交代自己是杀手这件事情，因此大家还一直以为这是一次非常普通的家庭旅行呢。而且，这个杀手还是一个怕老婆的人，他为了不让老婆发现实情，于是就一声不吭地只顾着开车。

小西：后来出现的人物也是杀手，对吧？

伊坂：三宅肯定会跟家人说，这是一次家庭旅行，是因为自己厌烦工作了，不想干了才出来旅行的。那么，要揭发他的这个谎言，我们就需要再添一个人物，什么人呢？女人吧？这个女人也是一个杀手，还监视着三宅的一举一动。不过，在三宅的老婆眼里，就感觉他们俩很不自然，于是老婆便生气了，怀疑三宅背着自己在搞外遇……

小西：哎呀，你的灵感真是接连不断地往外喷涌啊。

伊坂：不过，光是这样的话，很容易到头来把故事搞得乱七八糟。所以，我就会一边想着“可能这个人跟这个人会走到一起吧”或者“这个人不需要啊”等等，一边整理我所需要的故事情节。

一边记笔记，想写的场景就一边被整理出来

小西：那么，这就是伊坂先生在写书的时候，最初所做的事情吗？

伊坂：最初，画面在我的脑海中浮现的时候，我自然是任凭它在脑海中酝酿。我一边跟编辑交谈一边写，把自己没有定型的想法提出来跟编辑商量。比如说，在这个故事里，因为主人公开着车，所以肯定会需要加油站之类的。而且，如果旁边停留着别的车子，那么多半还有可能会遭到袭击，对不对？（笑）你像我所说的这样做，就会发现各种各样自己想要写出来的场景，想写的形形色色的场景会自动出现在你的脑海里。在把它们写下来之前，我就一边思考如何把它们串联起来，一边在笔记本上把它们记录下来。“有这样的名字的人物，这里该这么写……”一点一点地整理自己大脑中的思路。这些都是我平日里写书时确确实实做的事情。

小西：为了更好地创作，就需要整理清楚大脑的思路，对吧？我也非常重视这一点，我会用笔记本来整理，而且总是把它作为我寻找灵感的一种方式。整理思路，我感觉就像是在整理孵化创意的平台。

伊坂：想写故事的时候，我一般先思考该从哪个场面开始动笔，这个时候平日里记录下的这个笔记本中的内容就会复活过来。我就

会想到“啊，我也许可以先从这里开始入手”或者“从这里开始更好”等等。我的笔记在这种时候就非常能派上用场了。

小西：原来如此。也就是说笔记成为写作素材的来源。相当于在脑海中将想法提前梳理了一遍，哪些想法可用，哪些不可用，在脑海里打了一遍草稿。

伊坂：是啊，脑子里面最初出现的都不是文章，而是画面。就像是先从整体上对文章有了大概的把控。虽然还不能说是提纲，但可以说是这个文章的底稿。比如说，这个人物可能更适合乘坐摩托车，他这辆车肯定是偷来的。我也说不明白，不过总而言之，就是想象一些将来自己肯定会写的内容，然后记录下来。

小西：用笔记先提前预演，有点像是先举行仪式的感觉呢。

伊坂：与其说是仪式，倒不如说这是很实在的操作方式，因为如果不通过笔记先来预演一下的话，我迟迟都动不了笔。必须把脑海中的想法写下来，如果不写，这些灵感很快就消失了。比如刚才我说的那些内容，这里需要一个加油站；这里有一些车子并排摆放着；摩托车被盗了；神秘的女性来搭车……这些想写的内容都要记录下来。

小西：嗯，把自己想写在书中的内容通通都记录在笔记本上。

做好笔记后再散步，会觉得大脑更灵光

小西：说起来，伊坂先生你一般什么时候感觉最容易捕捉灵感呢？

伊坂：让我想想……我百分之九十的灵感都是在散步的时候串联起来的呢。我一边听音乐一边散步的时候，就突然灵光闪现，“啊，这个场面可以这样写”等等，我还特地去问过一个教授：“我感觉‘散步’好像能让大脑更灵光，这两者是不是真的有关系呀？”结果他跟我说：“不，没有关系。”（笑）

小西：啊？我倒是觉得应该有很紧密的关系才对。

伊坂：不过，我仔细询问后，才知道教授的意思是现在科技没法测定，因此才不知道到底有没有关系。不过，这个教授跟我说：**“对伊坂先生来说，重要的是记完笔记之后再去散步。”**“先前记的笔记，在你走路的时候，很容易就串联到一起了。”啊，我才意识到原来是这么回事。

小西：记笔记的效果真强大啊！对了，会不会是因为我们运动了身体，同时也提升了注意力呢？

伊坂：刚才那位教授可能不会认同这个观点。（笑）不过，活动手对于思考的确是非常有帮助的。虽然也可以用电脑来做笔记，但我觉得既然要做笔记，还是用手书写比较好。虽然，也许这个原

因只是我的幻想而已，手绘幻想。（笑）

小西：不，我觉得不是幻想，用手书写肯定有一些什么效果。

伊坂：我也觉得应该有。虽然我不清楚大脑的运作原理，但是用手写的时候，有手写的韵律存在；走路的时候，有走路的韵律存在。

小西：比起坐着的时候，人在走路的时候，会有更多的信息进入视线里，大脑会被眼睛看到的各种各样的东西所刺激。

伊坂：是啊，而且我还会一边走一边听音乐，我想音乐也起到了刺激的作用。这个时候大脑里涌现的大多是一些东西的拼凑组合。当然，整理这些组合的时候，我也会费不少心思，我得思考把哪些安排在最开始，哪些紧接在后面，突然有什么灵光一闪的时候，“啊，这个可以跟这个组合到一块”。要说我写作有什么模式，那就是像这样，全部是组合。如果说我写作有什么特点的话，我想就是进行组合时候的轻重拿捏了。

如果不写题目就动笔，故事就写不出来

小西：那么，题目你也是通过拼凑组合来写吗？

伊坂：是的，我写题目的时候也是用的这种办法，比如说《重

力小丑》或者《家鸭与野鸭的投币式寄物柜》等等。为了达到预期的效果，我费了老大的功夫思考。因为我如果不决定题目的话，就写不出故事来。

小西：原来你是一开始就定好了题目，并不是边写边思考。

伊坂：一般情况下，基本一开始不写出题目的话，我就写不出来，包括短篇也是这样。我现在在写《开朗的年轻一族》的第三部，但其实我为了题目的事情，最近一直在烦恼。那个题目有一定的规律。像《开朗的年轻一族大脑地球》《开朗的年轻一族的日常和袭击》这些书一样，要在《开朗的年轻一族》后面添上另一组词，最好是后面能加五个字。（笑）因为是第三部，所以我还想在后面加一个数字"3"。我想，如果我这样做，读者一下就知道这是第几部了。

小西：（笑）原来如此。

伊坂：我觉得像《三文之德》这样的题目比较好，却怎么都想不出来，没办法就只好一边写一边想。突然一时灵光闪现，《开朗的年轻一族从一数到三》就出现了。（笑）没办法，如果不想出题目来，我就无法动笔书写其中的内容。

小西：有了题目，要写的内容就更容易想出来了。

伊坂：不，与其说是因为想写的内容更容易构思，倒不如说是因为有了题目，我对这个作品就有了关爱之情，"啊，这样写出来肯定很有趣！”“可以这样写下去！”等等的感觉就油然而生。比如说我的那本《重力小丑》就是最初想到了题目，其他什么都没定下来呢。

小西：哦，原来你在构思那个故事之前，就已经定下来题目了。

伊坂：当时我的书几乎都卖不出去，所以我就不停思考到底该怎么办才能让读者把我的书捧在手上。然后，我就想如果是自己的话会把什么题目的书捧在手上。这样换位思考后，我就想到了那个题目。

“用文字书写”还是“用图画描绘”？

小西：看见伊坂的笔记，也用了很多箭头之类的符号，还有插入的草图之类的东西。

伊坂：画画真的非常有用。比如说，如果我想画电梯的画面，就像这样把电梯描绘出来，还添上“→”。这样一来，思考“操作电梯”的时候，就更形象直观，也更容易构思在电梯里发生的事情。

小西：的确如此。比起用文字书写“操作电梯”，不如这样直接把电梯的图画出来，然后用“→”指示上下方向来得简单明了。

伊坂：因为我不是为了记忆而画这幅图，而是为了激发更多的灵感，所以只要这个时候脑海中有了图像就行，画出来更容易激发我的想法。另外，我也常常会使用“○”和“△”这些符号。

小西：我也会大量使用“→”符号。

伊坂：想必也是为了整理思路吧？

小西：不知道为什么，比起用片假名写出电梯这个词，把电梯的模样画出来，会让想象力得到发挥。

伊坂：我非常喜欢岛田庄司先生，他曾在什么地方这样说过，这个也是因为自己是美术大学毕业，会画画吧。比起在大脑中思考，画出来思考更容易。

小西：是啊，看起来更形象生动，更容易让人展开思路。“啊，这里有点问题。”“啊，这个动作有些奇怪。”

伊坂：是啊，而且还能够有新的发现和想法。比如“多高？”“能够想象出多大距离”“可能被这边遮住？”“这里可以进人”等等。

小西：的确如此。实际画出来之后，还能发现新的想法和创意呢。

名为“伊坂幸太郎”的菜单内容广泛

小西：说起来，你“伊坂幸太郎”这个名下的作品范围还真广。你的作品涉及了各个领域的各种挑战，漫画、纯文学等各种各样类型的小说，而且全都非常有趣。

伊坂：我也这么想，可是没有人像小西先生你这样跟我说过。

小西：不是呀，可能只是你不知道而已。

伊坂：我倒是跟编辑说过，让他们可以多夸夸我。（笑）

小西：我也跟那个编辑说一下。今天耽误你这么多时间，真是不好意思。能看到你的这么多笔记，我受益匪浅。今后也期待看到更多你的作品。作为你的粉丝之一，我由衷地从心底祝福你。

伊坂：谢谢，你对我的鼓励我也用笔记记下来，接下来继续努力。（笑）等你的笔记之书完成后，我一定要拜读。要是能用到我的小说里，我会更开心。

小西：我送你出门吧。今天实在太感谢你了。

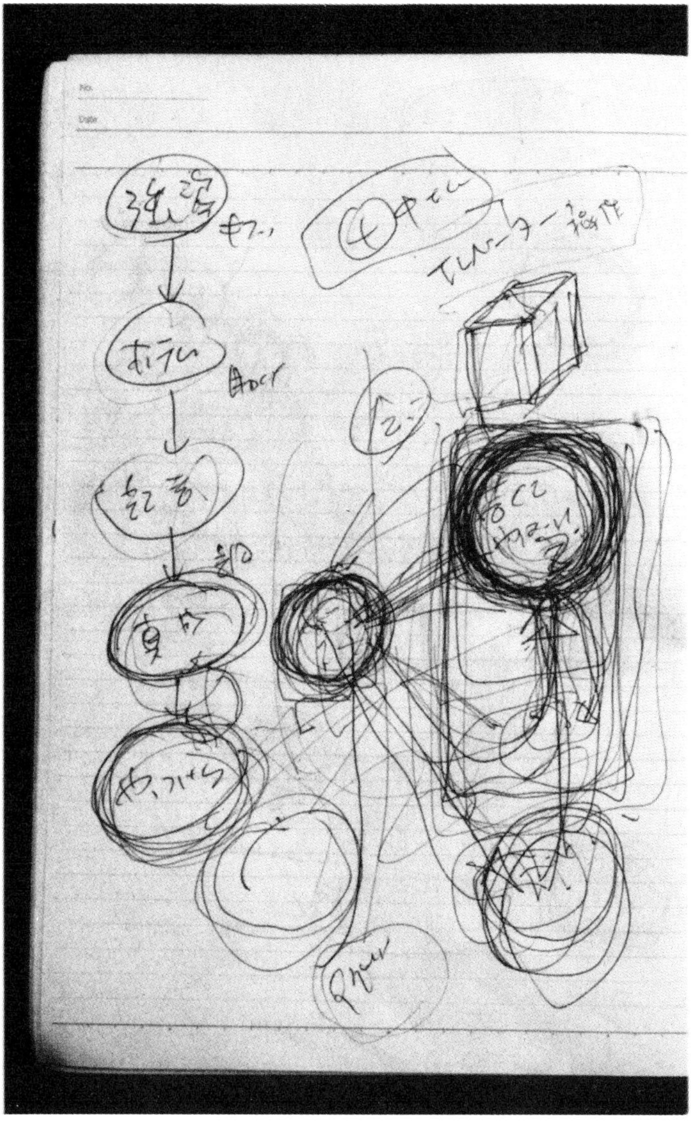

摄影：村冈荣治

后记

想逃避问题时，笔记总能助我一臂之力

我常常经历这样痛苦的挣扎。

“思考真是件让人头痛的事。应该有比我更能干的人。谁来帮帮我？我困死了！没有时间了！马上就是 deadline（最后期限）。想不出好的点子……痛苦！还是没有完成。啊，不行了，我想逃离……”

不过，无论什么时候，最终都无法逃脱。

必须尽一切努力，做出成绩，留下结果。

我们就是一边忍受着这样的痛苦，一边过着每一天的生活。

这就是所谓的专业人士，这就是所谓的商业世界，这就是所谓的工作挣钱。

而且，我想，读完这本书的读者朋友，肯定也每天在工作中与我所说的这些痛苦感受做斗争。

我真的常常这样想，多亏了笔记，我的工作才得以顺利进行。

到目前为止，笔记已经好几次在我想逃避的时候，将我拯救回来。

当我的工作效率达不到要求时，是笔记促使我立即开始思考；当我突然不得不在大众面前发言时，是笔记给了我思考的间隙和问题的答案；当我毫无思绪的时候，是笔记让我与曾经的灵感相遇；当我团队中的年轻人正在为烦恼所折磨时，是笔记给了我们酝酿新生想法的勇气。

在前言中，我写道："现在的我，是靠笔记成长起来的。" 这句话一点也不假。通过记笔记，我提高了工作效率，提升了工作质量。正因为有了笔记，才有了现在的我。

其实，我之所以会起念写这本书，也是因为我希望那些置身于困境中不知所措的年轻人，如果偶然间读到了我的这本书，也能像我年轻的时候那样，因为偶然看到了一份"笔记"而感到被拯救了一般，大家或许也能因此被拯救。

所以，我毫无保留地将我所有的方法都写进了这本书中。

书中不光包括记笔记的方法，还有思考的方法，以及创意策划的方法。

我真切地希望我的思想能够传递给读者们，希望大家读完这本书后，实践里面的方法，让工作效率得以提升。

愿“未来笔记”为大家创造美好的未来。

2016 年 1 月 小西利行

执笔这本书之时，得到了很多朋友的宝贵意见和大力支持。

作家伊坂幸太郎先生，AEON 公司[1]的坂本润先生，三得利的和田龙夫，博报堂的木村健太郎，美术导演秋山具义先生、金子敦先生、金子泰子先生，九十九岛大学的大家，佐世保市政府的大家，佐世保观光协会的大家，宣传会议的大家，跟我一起创造出“告→广”概念的石川淳哉，森本千绘先生，BUKATSUDO 工作坊里共同参与开发三角笔记的大家（武田真明先生、小野田纯也先生、黑田千穗小姐、龙泽有希子小姐、高山达哉先生、八幡清信先生、荒木直行

1. AEON 公司：永旺，全称“日本永旺株式会社”。

先生、平野步小姐、masahito koizumi 先生、关川明美小姐、山田健太郎先生、马场健太郎先生、木原纯子小姐、大川雅生先生、伊藤由弥子小姐、坂本幸太郎、川岛史先生），PLAZA 的大家，饭岛广昭先生、小林麻衣子小姐、大垣裕美先生。还有，从我的上一本书开始一直负责我的书本的设计和装订的宫内贤治先生，负责插图的加纳德博先生，还有在我写作遇到困难之时不停给我鼓励的米田宽司先生。非常感谢。

如果没有大家的支持，就没有这本书问世的一天。在这里我表示万分感激。

索引

图书在版编目（CIP）数据

高效人士用超级笔记术 /（日）小西利行著; 易哲译. —长沙 : 湖南文艺出版社, 2016.7
ISBN 978-7-5404-7685-4

Ⅰ. ①高… Ⅱ. ①小…②易… Ⅲ. ①广告—写作 Ⅳ. ①F713.8

中国版本图书馆CIP数据核字（2016）第155624号

著作权合同登记号：图字18-2016-017

SUGOI MEMO©TOSHIYUKI KONISHI 2016
Originally published in Japan in 2016 by KANKI PUBLISHING INC.
Chinese (Simplified Character only) translation rights arranged with KANKI PUBLISHING INC. through TOHAN CORPORATION, TOKYO.

上架建议：商业・励志

GAOXIAO RENSHI YONG CHAOJI BIJI SHU

高效人士用超级笔记术

作　　者：［日］小西利行
译　　者：易　哲
出 版 人：刘清华
责任编辑：薛　健　刘诗哲
监　　制：毛闽峰　李　娜
策划编辑：杨清钰
文案编辑：王苏苏
营销编辑：贾竹婷　雷清清
版权支持：闫　雪
特约设计：仙　境
出版发行：湖南文艺出版社
（长沙市雨花区东二环一段508号　邮编：410014）
网　　址：www.hnwy.net
印　　刷：北京鹏润伟业印刷有限公司
经　　销：新华书店
开　　本：875mm × 1270mm　1/32
字　　数：154千字
印　　张：8
版　　次：2016年7月第1版
印　　次：2016年7月第1次印刷
书　　号：ISBN 978-7-5404-7685-4
定　　价：39.80元

质量监督电话：010-59096394
团购电话：010-59320018